clave

Boris Cyrulnik nació en Burdeos en 1937 en el seno de una familia judía de origen ruso. Sus padres fueron víctimas del nazismo y murieron en un campo de concentración cuando él todavía era un niño. Esta experiencia traumática lo empujó a convertirse en neuropsiquiatra y a ahondar en el estudio de los traumas infantiles. Es autor de obras de gran éxito, entre las que destacan *Los patitos feos*, *Morirse de vergüenza* y *Sálvate, la vida te espera*. Actualmente dirige un equipo de investigación en un hospital de Toulon y es director de estudios en la universidad de esa misma ciudad.

BORIS CYRULNIK

Morirse de vergüenza

Traducción de
Maria Pons Irazazábal

DEBOLS!LLO

Papel certificado por el Forest Stewardship Council®

Título original: *Mourir de dire. La honte*

Primera edición: septiembre de 2013
Décima reimpresión: abril de 2025

© 2010, Éditions Odile Jacob
© 2011, de la presente edición en castellano para todo el mundo:
Penguin Random House Grupo Editorial, S. A. U.
Travessera de Gràcia, 47-49. 08021 Barcelona
© 2011, Maria Pons Irazazábal, por la traducción
Diseño de la cubierta: Penguin Random House Grupo Editorial / Yolanda Artola
Fotografía de la cubierta: © Karin Smeds / Getty Images

Penguin Random House Grupo Editorial apoya la protección de la propiedad intelectual. La propiedad intelectual estimula la creatividad, defiende la diversidad en el ámbito de las ideas y el conocimiento, promueve la libre expresión y favorece una cultura viva. Gracias por comprar una edición autorizada de este libro y por respetar las leyes de propiedad intelectual al no reproducir ni distribuir ninguna parte de esta obra por ningún medio sin permiso. Al hacerlo está respaldando a los autores y permitiendo que PRHGE continúe publicando libros para todos los lectores. De conformidad con lo dispuesto en el artículo 67.3 del Real Decreto Ley 24/2021, de 2 de noviembre, PRHGE se reserva expresamente los derechos de reproducción y de uso de esta obra y de todos sus elementos mediante medios de lectura mecánica y otros medios adecuados a tal fin. Diríjase a CEDRO (Centro Español de Derechos Reprográficos, http://www.cedro.org) si necesita reproducir algún fragmento de esta obra.
En caso de necesidad, contacte con: seguridadproductos@penguinrandomhouse.com

Printed in Spain – Impreso en España

ISBN: 978-84-9989-870-4
Depósito legal: B-13.737-2013

Compuesto en Fotocomposición 2000, S. A.

Impreso en QP Print

P99870D

Índice

1. Salir de la vergüenza como se sale de una madriguera .. 21
   Extraño silencio de los heridos del alma............ 21
   El detractor íntimo......................... 24
   La vergüenza y su contrario 27
   Transparencia del avergonzado 30
   Compartimos el placer, expresamos la cólera, ocultamos
   la vergüenza............................... 33
   El éxito, una máscara de la vergüenza............. 35
   Los maestros del sueño y el espejo sucio. 37
   Ilusión de verdad 41
   Cuanto mayor es la desgracia, más gloriosa es la victoria . 44
2. La muerte en el alma. Psicología de la vergüenza   49
   El «yo» solo existe en otro.................... 49
   Vergüenza sexual 52
   Un mundo donde todo da vergüenza 57
   ¿Vergüenza o culpabilidad? 61
   Liliput, estrella de la vergüenza 64
   La vergüenza puede durar dos horas o veinte años 67
   El cine interior de nuestro «abyector» de conciencia ... 71
   Todo el mundo participa en la vergüenza.......... 73
3. Vergüenza injusta   75
   ¿Se puede expresar en cifras la vergüenza? 75

¿Cómo evaluar los factores de resiliencia?............ 77
La negación, una legítima defensa enfermiza 80
Una tumba silenciosa donde se agitan los fantasmas ... 84
Un fantasma resucitado todavía puede matar 86
Nos liberamos de la vergüenza modificando el alma de los otros..................................... 89
Nos liberamos de la vergüenza modificando nuestra alma 91
Nos liberamos de la vergüenza actuando sobre cualquier punto del sistema 95

4. Biología de la vergüenza 97
¿Tienen vergüenza los animales?................... 97
La genética no es totalitaria...................... 99
La adquisición de una vulnerabilidad personal depende de las emociones de los otros...................... 102
La manera de amar es un modo de socialización...... 106
Nos nos apegamos al más amable o al que tiene más títulos, nos apegamos a quienes nos dan seguridad 109
Felicidad y pulsiones. Vergüenza y moral 111
Neurobiología de una timidez adquirida 114
Función socializante del sufrimiento físico 117
Efecto desocializante del sufrimiento moral 119
Los avatares del sufrimiento moral................. 123

5. Rojo de vergüenza............................. 129
¿Quién soy yo para el otro?...................... 129
Predicción no es fatalidad 132
La vergüenza en ciertos grupos sociales aislados 134
El exilio y la vergüenza......................... 136
Anomia y megalópolis 139
La inmigración, ¿suerte o desgracia social? 141
La escuela, ¿encierro o liberación? 144
Afectividad y resultados escolares.................. 147

Relatos próximos y sentimientos íntimos 151
La vergüenza como origen 155
Los fabricantes de vergüenza y su camuflaje lingüístico . 158
Los negros y la estrella amarilla 160
Negros, zoos y hospitales psiquiátricos 163
6. Una pareja bien avenida: vergüenza y orgullo 167
La pareja, átomo de la sociedad 167
El himen es un discurso social. 169
Cuando la violencia era moral. 172
¿Todavía es necesario sufrir? 174
Cuando la sumisión refuerza 177
La violencia en el teatro del honor 179
Cuando la realidad difiere del relato de esa realidad . . . 183
Los sin-vergüenza. 188
Moral, perversiones y pervertidos 193

El poder de los calcetines 197

Notas. 203

Si queréis saber por qué no he dicho nada, bastará con averiguar lo que me ha forzado a callar. Las circunstancias que rodean al hecho y las reacciones del entorno son coautoras de mi silencio. Si os digo lo que me ha ocurrido, no me creeréis, os echaréis a reír, os pondréis de parte del agresor, me formularéis preguntas obscenas o, peor aún, os apiadaréis de mí. Sea cual sea vuestra reacción, bastará con hablar para sentirme mal ante vuestra mirada.

De modo que callaré para protegerme, descubriré únicamente la parte de mi historia que sois capaces de soportar. La otra parte, la tenebrosa, seguirá viviendo en silencio en los sótanos de mi personalidad. Esta historia sin palabras dominará nuestra relación, porque en mi fuero interno ya me he relatado, interminablemente, palabras no compartidas, narraciones silenciosas.

Las palabras son pedazos de afecto que transportan a veces un poco de información. Una estrategia de defensa contra lo indecible, lo que es imposible decir, lo que resulta penoso escuchar, acaba de establecer entre nosotros una extraña pasarela afectiva, una fachada de palabras que permite mantener oculto un episodio inverosímil, una catástrofe en la historia que me repito incesantemente, sin decir palabra.

El no-compartir emociones instala en el alma del herido una zona silenciosa que habla sin cesar, como un altavoz que murmura en el fondo de sí un relato inconfesable. Es difícil callarse, pero es posible no decir. Cuando uno no se expresa, la emoción se manifiesta con más fuerza aún sin las palabras. Mientras sufre, un herido no habla, simplemente aprieta los dientes. Cuando lo no-dicho hiperconsciente no es compartido, estructura una presencia extraña. «Este hombre habla con naturalidad y, sin embargo, sé muy bien que habla para ocultar lo que no dice.» La represión organiza interacciones diferentes. En primer lugar, es inconsciente. Pero en los sueños surgen escenografías extrañas de las que proceden algunos enigmas que hay que descifrar.

El avergonzado aspira a hablar, querría decir que es prisionero de su lenguaje mudo, del relato que se cuenta en su mundo interior, pero que no os puede decir porque teme vuestra mirada. Cree que se morirá de vergüenza.[1] Entonces cuenta la historia de otro que, como él, ha sufrido una fractura increíble.

Escribe una autobiografía en tercera persona y se asombra del consuelo que le proporciona el relato de otro como él, un representante de sí mismo, un portavoz. El hecho de haber dado forma verbal a su fractura, y de haberla compartido a pesar de todo, le ha permitido liberarse de la imagen del monstruo que creía ser. Se ha convertido en un ser como los demás, puesto que le habéis comprendido, ¿y tal vez amado? La escritura es una relación íntima. Incluso cuando se tienen miles de lectores, en realidad se trata de miles de relaciones íntimas, porque en la lectura uno está a solas.

Un recuerdo de la infancia

En aquella época, el pont des Arts era un lugar poco frecuentado. Paseábamos por allí charlando en voz baja.

«Vivo aquí —me dijo Soufir señalando una casa que quedaba algo apartada respecto a la fachada del instituto—. Mi padre es muy rico. Quiso que estudiara en París y me compró un taller de pintor en el quai Conti... Me da vergüenza.»

Jamás habría pensado que uno pudiera avergonzarse de vivir en un lugar tan increíble. A través de los cristales podían verse los tejados del instituto, el Louvre y el Sena, y apenas unos centenares de pasos separaban la casa de la facultad de medicina donde estudiábamos.

Yo, en cambio, vivía en la rue de Rochechouart, entre Pigalle y Barbès, en una pequeña habitación sin agua corriente ni calefacción, que no debía de medir más de diez metros cuadrados. Me sentía casi orgulloso de ella, pues la había pintado de rojo y azul, los colores del cuadro de Picasso *Jacqueline con las manos cruzadas*. No me avergonzaba de la escarcha en las paredes ni del hielo en los cristales, que simbolizaban la prueba del frío y de la pobreza que sabría superar, pero sí me avergonzaba del enorme agujero entre las piernas de mi pantalón tan gastado que sin duda habría suscitado el desprecio de los estudiantes si hubieran podido verlo.

Soufir y yo éramos amigos y hablábamos con orgullo de lo que podíamos compartir. Me hablaba de la belleza de Marruecos, me impresionaba al describirme las recepciones de su familia y me sorprendía cuando me explicaba la mezcla de admiración y temor que sentía por su padre. Pero yo me daba perfecta cuenta de que todas esas historias le permitían mantener oculta una parte dolorosa de su vida familiar.

Una noche, Soufir me propuso continuar nuestra charla en un pequeño restaurante del barrio. Me empeñé en pagar la mitad de la cuenta, gesto que me impidió comprar los tíquets del restaurante universitario de casi toda la semana. Me habría dado vergüenza no estar a la altura. Necesitaba aparentar sentirme tan cómodo como él: Si le hubiera dejado pagar, su obsequio habría sido para mí como una dominación, casi una humillación.

El hecho de no poder acudir al restaurante universitario durante el resto de la semana me recordó que después de la guerra, cuando estaba en una institución para niños, hacíamos lo posible para que nos asignaran la tarea de limpiar la mesa, tarea que nos permitía recoger un puñado de migajas suplementarias. Ese recuerdo no me provocaba un sentimiento de humillación. Más bien al contrario, sentía un vago orgullo de haber vivido esa circunstancia, como la escarcha en las paredes y el hielo en los cristales de la rue Rochechouart. Sin embargo, no se lo explicaba a Soufir porque temía provocar su extrañeza o su piedad (como en el caso del pantalón desgastado entre las piernas). ¡Así que un mismo hecho podía provocar un sentimiento mezcla de vergüenza y de orgullo! En mi fuero interno, un puñado de migajas recogidas al limpiar la mesa no eran motivo de vergüenza. Experimentaba una sensación incluso de victoria, de haber hecho un buen negocio con las migajas rapiñadas. Pero en el fuero externo, el de las palabras intercambiadas, ¿quién habría podido entender una cosa así?

Me temo que hasta nosotros, los amigos avergonzados, fuimos algo despreciativos. ¿Sabéis quién era el objeto de nuestro desdén? ¡Alain! Siempre contento consigo mismo, su eterna satisfacción nos sacaba de quicio. Comentábamos en privado que su felicidad se debía a su incapacidad de ser consciente de las dificultades de la vida (lo que daba a entender que el veneno de la vergüenza que impregnaba nuestra vida íntima se debía a nuestra conciencia). ¿Cómo os explicáis esto? Nos sentíamos rebajados por la mirada de los otros porque teníamos un agujero en los pantalones o porque nuestro padre nos infantilizaba regalándonos un piso demasiado hermoso y, en cambio, nos sentíamos más humanos que Alain. Afirmábamos que estaba protegido por su inconsciencia. No sentíamos admiración por la fuerza que le daba su visión simple del mundo. Con su sonrisa satisfecha, nos explicaba que no había que repetir ningún curso de medicina, ya que un fracaso así provocaría la pérdida de ingresos una vez instalados en una consulta. De modo que Alain, a fin de ganar algunas horas de estudio todas las mañanas, elegía las prácticas mal organizadas que permitían no acudir al hospital. Había calculado que la preparación de exámenes y la lectura de revistas hacían perder tiempo, era preferible dedicarse a aprender tan solo lo estrictamente necesario para aprobar los exámenes. Nos parecía un memo cuando nos explicaba que bastaba con recorrer las páginas de la izquierda de los libros y elegir algunas palabras clave en las páginas de la derecha para aprobar los exámenes. Nos parecía despreciable cuando nos decía que se iba a casar con la hija de un rico para tener un coche, una casa de veraneo y una ayuda material durante sus años de estudio.

Nunca repitió un curso, sacó el título muy joven, jamás se sintió avergonzado. Se divorció, ella se suicidó. Él nunca se sintió culpable.

Nosotros, los avergonzados, despreciábamos al que no sentía vergüenza porque creíamos que su fuerza y su necia felicidad se debían a su falta de moral. Nosotros, en su lugar, nos habríamos muerto de vergüenza. ¿Tal vez incluso nos enorgullecía pensar que esa muerte de vergüenza habría sido la prueba de nuestra moralidad? No éramos ni monstruos ni máquinas de ganar. El veneno de la vergüenza atestiguaba nuestra capacidad para sufrir por la mirada de los otros, porque le concedíamos mucha importancia, prueba de nuestra moralidad.

Soufir y yo hablábamos de política y de literatura. Me explicaba cosas de Marruecos, de la belleza de sus ciudades y la riqueza de su cultura. Jamás supe cómo ganaba su padre el dinero del que su hijo se avergonzaba.

Yo le hablaba de mi compromiso político, por supuesto con la izquierda, de las discusiones con los camaradas, de nuestros actos valerosos y de nuestras cobardías, de las que no me avergonzaba. No hablaba jamás de los agujeros en el trasero de mis pantalones, en las suelas de los zapatos y en el techo de mi habitación. Él, el meteco rico, no hablaba jamás del desgarro de sus orígenes. Yo, el meteco pobre, no hablaba jamás del desgarro de mis orígenes. El silencio de nuestras vergüenzas nos unía en un pacto secreto. Intercambiábamos las emociones que podían compartirse, pero ocultábamos nuestros sufrimientos mudos. Utilizábamos el «yo» con placer cuando hablábamos de Marruecos, de Europa central, de cine o de literatura. Pero a pesar de esos relatos y de esas emociones compartidas, nuestros mundos íntimos jamás llegaban a ponerse en «yo».

Había que silenciar la parte podrida de nuestra alma y hablar únicamente de los recuerdos agradables para poder vivir juntos y compartir algunos instantes de felicidad. La vergüenza, enquistada en el fondo de nuestras conciencias, organizaba nuestras relaciones amistosas en dos zonas, una, llena de relatos y de amistad, y la otra, silenciosa, que envenenaba nuestra vida íntima. Si se bajaba un poco la guardia, existía el riesgo de que se escapara una palabra que habría desvelado nuestra alma desgarrada, un gesto que habría descubierto el desgaste de los pantalones.

Soufir se marchó del quai Conti sin un adiós, sin una palabra de amistad. Me dijeron que habían metido a su padre en la cárcel. La vergüenza hizo huir a mi amigo, que no habría podido soportar mi mirada.

Alain se volvió a casar, ganó mucho dinero y se mató circulando a toda velocidad en su coche deportivo, sin haber experimentado jamás el menor sentimiento de vergüenza.

Sesenta años más tarde, en el puerto de La Petite Mer, en La Seyne, cerca de Toulon, estaba charlando con Laurent mientras me reponía una tabla en mi pointu provenzal. Estas embarcaciones son obras de arte, pero como están hechas de madera, hay que cuidarlas a diario, de lo contrario hacen agua. Laurent me explicaba que iba a la escuela del barrio, justo al lado del puerto. Sus padres eran sordos y no sabían hablar con los labios. El niño se moría de vergüenza cuando veía a las guapas mamás que acudían a recoger a sus hijos y les hablaban. De pronto, se le quebró la voz: «No había comprendido el inmenso regalo que me hicieron rodeándome de tanto afecto y devoción a pesar de su deficiencia. Me da vergüenza haber tenido vergüenza. Ahora estoy orgulloso de ellos».

Hay muchos hijos de italianos en La Seyne. Sus padres vinieron a trabajar en los astilleros, en los barcos de pesca y en los campos de flores. Félie, cuando era niña, oía a su padre explicar con frecuencia cómo había tenido que huir de Italia. En 1920, siendo gendarme en Génova, recibió la orden de disparar sobre los obreros en huelga: «Cuando comprendí que íbamos a disparar, me puse pálido, me cagué en los pantalones, bajé el fusil», repetía sin cesar con las mismas palabras. Es difícil para una niña admirar a un padre pálido de miedo, que se caga en los pantalones. Cualquier niño hubiera preferido que restableciera el orden tras un combate heroico y que fuera condecorado en la plaza pública. Félie, que más tarde se convirtió en historiadora, analizaba el informe de un oficial alemán que acababa de fusilar a cuatrocientos judíos gitanos para vengar a unos camaradas muertos por los partisanos. Ese soldado escribía a modo de conclusión: «A veces, por la noche, lo reconsidero».[2] De pronto, ese documento cambió el significado que atribuía al recuerdo de su padre «pálido de miedo». «Desde entonces estoy agradecida a mi padre por haberse cagado en los pantalones y haberse negado visceralmente a asesinar a quienes eran sus semejantes.»[3]

Giuseppe de La Roquette, el gendarme pálido de miedo, no era un héroe, ni tampoco un antifascista. «¿De dónde le venía ese rechazo a matar que nos revuelve las tripas?», se pregunta Félie.[4]

Ese hombre tal vez no era suficientemente cultivado para someterse a la retórica fascista, pero su personalidad era suficientemente autónoma para no someterse a ella. La simple idea de tener que matar a un semejante inocente le revolvía las tripas. Para él era un asesinato absurdo.

Por aquella misma época (1939-1942), los hombres del 101 batallón de reserva de la policía alemana[5] recibieron la orden de asesinar a los niños judíos y gitanos de la región de Łódź, en Polonia. La mayoría ejecutaron las órdenes a la perfección. «Asistí a los primeros excesos y masacres. Siempre era así... A decir verdad, al principio no nos dieron la orden de matarlos allí mismo, se limitaron a darnos a entender que con aquella gente no había nada que hacer...»[6] Muy pronto, matar se convirtió en una rutina. Una minoría, que había sido autorizada a no participar en las matanzas, casi se excusaba por no tener valor para ejecutar las órdenes. La elección de la palabra «ejecutar» para expresar la misión otorga al ejecutor una función de agente en un sistema vencedor. Los oficiales de ese batallón habrían podido decir que «sus hombres acataron las órdenes», pero la elección de la palabra «acatar» habría orientado implícitamente el pensamiento hacia un sentimiento de debilidad, mientras que la palabra «ejecutar» suscitaba un sentimiento de fuerza mecánica. Es un motivo de orgullo ejecutar la orden que permite participar en la victoria y en la depuración. Es motivo de vergüenza acatar órdenes que no se comprenden. Esos valientes hombres del 101 batallón de reserva, importadores de té, productores de madera, pequeños empresarios, antiguos comunistas arrastrados a la euforia nacionalsocialista, experimentaban el placer de ejecutar las órdenes. Estaban orgullosos de participar en la victoria nazi y en la depuración de la sociedad, mientras que los hombres que no se habían atrevido a participar en la masacre se sentían casi avergonzados de no haber tenido esa fuerza. Su abstención había debilitado el trabajo del 101 batallón, no habían participado en el éxito de las operaciones, habían traicionado en cierto modo a sus camaradas al dejar que cumplieran las órdenes ellos solos. Menos de un 20 por ciento de esos gendarmes se negaron a matar niños. Estaban en su derecho. El teniente Buchman, de treinta y ocho años, miembro del partido nazi, dijo que no era capaz de matar a inocentes. Tal como estaba acordado, simplemente se le destinaría a otra misión. No hay heroísmo, no hay desobediencia, tan solo la pequeña vergüenza de no haber tenido la fuerza mental de los otros gendarmes y de haberse mostrado insolidario con el grupo.

Giuseppe, el gendarme italiano, manchó el pantalón porque en su fuero interno la mera idea de matar a un semejante simplemente para obedecer una orden carente de sentido provocó en su cuerpo tal emoción que afectó a sus esfínteres. Giuseppe no sintió vergüenza de esa debilidad. Su hijita tal vez hubiera preferido un papá heroico, pero cuando alcanzó la madurez intelectual, pasó de la vergüenza al orgullo.

Los valientes hombres del 101 batallón de la policía alemana no sintieron vergüenza de ejecutar una por una, en la calle, en los hospitales y en las escuelas, a ochenta y tres mil personas. Los únicos que no estuvieron orgullosos fueron los que no tuvieron fuerza para obedecer. El panurgismo dio confianza a los ejecutores, mientras que los débiles, los que no pudieron participar en el éxtasis del grupo, se sintieron apartados, casi traidores.

Giuseppe se imaginaba a hombres como él, a los que era imposible matar. Mientras que, en el alma de los ejecutores, no hubo un solo hombre asesinado. Esos policías simplemente limpiaron la sociedad de algunos *Stück*,[7] parásitos o escoria no humana.

La vergüenza, ese sentimiento tóxico, este absceso en el alma, no es irremediable. Se puede pasar de la vergüenza al orgullo cuando nuestra historia evoluciona o según el modo de ubicarnos en nuestro grupo cultural.

Conozco sustancias que provocan accesos de rabia inútiles. Conozco licores que producen la euforia de placeres sin razón. Pero no conozco ningún producto que suscite vergüenza, porque este sentimiento siempre nace en una representación. En el secreto de mi teatro íntimo, escenifico lo que no puedo decir, mientras temo lo que me vais a decir.

«No es necesario modificar los hechos… Siempre se trata de desvelar un secreto, de confesar… La orgullosa vergüenza… metamorfosis de un destino sufrido en destino dominado.»[8]

¿Es que se puede salir de la vergüenza?

1

Salir de la vergüenza como se sale de una madriguera

Extraño silencio de los heridos del alma

Extraño silencio de los heridos del alma: «Cuando tenía dieciséis años supe que un día me quedaría ciego. Impulsado por la rabia de vencer y por el amor a los míos [...], decidí no decir nada, ni siquiera a mis padres».[1]

Aturdido por el anuncio, Jacques regresó a su casa, ¡tardó más de un año en atreverse a decirlo! Sabía que bastaba decir que se estaba quedando ciego para que al acabar la frase la desdicha se hubiera instalado en el corazón de las personas que amaba. Decir es una falta, inconfesable.

La emoción compartida alivia al herido,[2] pero arrastra a su sufrimiento a las personas que ama. Existe un vínculo, ¿no? ¿Con qué derecho atraemos hacia nuestra aflicción a nuestros allegados? De modo que nos callamos, y ese silencio enturbia la relación e introduce una sombra entre nosotros. «A la vergüenza que me hace callar se añade, si hablo, la culpabilidad de arrastraros a mi desdicha.»

Afortunadamente, la escritura, el teatro, la novela o cualquier representación controla la emoción para darle una forma artística que permite una relación íntima con extraños. De ahí que la confidencia sea más fácil, más leve, con un extraño al que no volveremos a ver que con una persona cercana a cuyo alrededor organizamos nuestra vida. El peso de las palabras no es el mismo.

Compartir la emoción puede ser agradable o angustioso según cuál sea la forma del vínculo afectivo. No es difícil compartir la alegría o la felicidad con los que nos rodean. Incluso podemos sentir cierta satisfacción compartiendo la pena de las personas que amamos para intentar aliviarlas.[3] Pero ¿quién querrá unirse a mi vergüenza? ¿Quién no se sentirá incómodo cuando explique «las trampas sexuales que me tendía mi padre»? Aquel hombre era una autoridad local, apreciado por sus actos humanitarios. Hablaba bien, era bien parecido y colaboraba generosamente con la asistencia social. Le apreciaban mucho. Pero por la noche manipulaba la cerradura de la habitación de su hija para que no pudiera encerrarse, o bien hacía ver que dormía en su butaca y, cuando ella pasaba a su lado, la tomaba bruscamente. Cómo explicar estas cosas sin correr el riesgo de suscitar incredulidad: «Conozco a tu padre, sería incapaz de hacer una cosa así». El estupor, la náusea o una avidez obscena organizan las emociones del oyente. «El incesto no forma parte de la historia»,[4] no se pueden explicar en público las artimañas sexuales de un padre socialmente glorificado.

Son muchas las situaciones que provocan representaciones que no pueden compartirse. El incesto, la agresión sexual, sobre todo para una mujer, no se pueden explicar. Imaginaos a un padre sentado a la mesa con sus hijos explicando, mientras sirve deliciosos platos, que a los doce años, cuando estaba interno, una de las criadas iba de vez en cuando por la noche, apartaba las mantas, hacía lo necesario para provocarle una erección, se montaba sobre el muchacho y se marchaba sin decir palabra, dejando al chico completamente desconcertado. Una sola palabra de esta mujer hubiera permitido establecer una relación humana, la ausencia de palabras agravaba la sensación de haber sido el objeto sexual de una desconocida: ¡la vergüenza! ¿Cómo se puede explicar esto? A vuestros hijos: ¡impensable! A vuestros amigos: ¡imposible! Sus reacciones estupefactas o burlonas habrían supuesto una humillación suplementaria. «Incluso en el psicoanálisis me costó decirlo. Pedí terminar la sesión en el café de la esquina… Como si hubiera querido transgredir… No es normal… Me avergüenzo de lo que me sucedió… No soy como los demás.»

El avergonzado lo oculta para no incomodar a las personas que ama, para no ser despreciado y para protegerse a sí mismo preservando su imagen. Esta reacción de legítima defensa estructura un extraño discurso. El avergonzado prefiere lo que es anodino, distante, superficial, terreno donde se siente menos incómodo. De repente, a causa de una palabra o de un incidente cualquiera, un silencio angustioso enrarece la relación. Esas tensiones repetidas, inesperadas, incomprensibles para el entorno suponen un coste de energía. No hay nada que agote más a un organismo que la inhibición, la obligación de no moverse, de no decir, como una presa que se inmoviliza en una postura de alerta.

Este silencio conductual y verbal es protector en un contexto de agresión. Pero este mutismo se transforma en agresor íntimo en cuanto el entorno cesa de agredir. La adaptación, la legítima defensa en un contexto de guerra, o que se percibe como tal, se graba en la memoria como un aprendizaje y perturba la relación. ¿Por qué callarse cuando ya no hay necesidad de silencio para protegerse? ¿Por qué mantenerse alerta cuando nuestro entorno nos invita a una relación tranquila? La memoria nos juega malas pasadas cuando se insiste en responder a una agresión sufrida, en el momento en que ya se está viviendo en un medio sin violencia. Habría que evolucionar al mismo tiempo que el contexto, y eso no siempre es posible. Los niños aprenden con tanta facilidad que, cuando su medio cambia, siguen reaccionando a lo que han aprendido. La mayoría de las veces los pequeños heridos reciben la etiqueta de «niños difíciles» y, como no están acompañados, se vuelven difíciles. Pero cuando la invitación a compartir calma su emoción y cuando el medio cultural permite modificar el sentimiento provocado por la representación de la herida, la vergüenza se metamorfosea. A partir de entonces, su destino está orientado por los discursos que la cultura dispone en torno a los avergonzados.

El detractor íntimo

Este veneno del alma es difícil de compartir, porque «confesar» la causa de la vergüenza es confiarse al otro, entregarse a su poder de juzgarnos. No es raro que un avergonzado que «se confía provoque una reacción crítica por parte de los compañeros que comparten».[5] Puesto que el silencio establece una función defensiva, la revelación del secreto pone en peligro al que habla. El destino de su vergüenza depende de la reacción del confidente, de los mitos de su cultura y de sus prejuicios. Puesto que hay una víctima, ha habido proximidad física entre el agredido y el agresor. Se habría producido una complicidad que no nos sorprendería. Por otra parte, en muchas culturas se sigue juzgando a los «compañeros» de la agresión.

El avergonzado, despersonalizado por la agresión, no tuvo fuerzas para oponerse a la influencia del dominador ni siquiera para afirmarse frente a él. Se siente menos que el otro, inferior, rebajado. Curiosamente, este enorme desgarro de sí crea un sentimiento moral: «El otro vale más que yo. Estudio al agresor para dominarlo mejor y me pongo a disposición de aquellos que, como yo, han sido agredidos». Esta forma de pensarse entre los otros es un «signo de que no hay perversión».[6] Cuando Narciso exclama: «Soy el más hermoso de la Tierra porque no hay nadie más que yo», el avergonzado murmura: «Solo cuenta la mirada del otro. Si descubre quién soy, me moriré de vergüenza. Evitemos su mirada, esto me protegerá. Desaparezcamos de la vista de aquel que percibimos como dominador». Pero cuando se trata de defender a sus hermanos, el avergonzado se siente capaz de agredir al agresor. Esta defensa mediante el ataque le permite demostrarse a sí mismo que no es tan miserable como cree. Ayudar a un herido, comprenderle, identificarse con él permite en un mismo movimiento hacer frente al agresor y revalorizar la idea despreciable que se tiene de uno mismo. El avergonzado es un anti-Narciso, el altruismo es su arma. Para proteger a los otros, me atrevo a atacar a Narciso que solo piensa en él y, confesémoslo, le desprecio un poco. Debería avergonzarse de no pensar más que en él. Ayudando a los heridos y agrediendo a Narciso, el avergonzado detiene su propia hemorragia narcisista. El altruismo y la moral se han aliado para asesinar a Narciso el perverso.

La «historización» también es una manera de ayudar a los agredidos. Escribir o contar la historia de un herido constituye un alegato que intenta explicar las causas de su degradación a fin de hacer menos aplastante la mirada del otro. La vergüenza es más llevadera cuando el entorno trata de comprender y no de juzgar. Cuando se cuenta la historia de un representante de sí mismo, un portavoz a quien se le hace explicar por qué uno no es un subhombre, se salva a «otro-como-uno-mismo» y, frente al espejo, uno se siente menos avergonzado.

En el mundo íntimo de un avergonzado habita un detractor obsesivo que no cesa de murmurar: «Eres despreciable», mientras que en el mundo interior de un culpable hay un tribunal que le condena constantemente: «Es culpa tuya». El avergonzado se esconde para sufrir menos o trata de revalorizarse a los ojos del otro. El culpable, por su parte, se castiga para expiar su pecado. Los melancólicos piensan que merecen la muerte, puesto que su crimen imaginario es inmenso. De modo que si la sentencia no les destruye, se castigan a sí mismos mediante autoflagelaciones o comportamientos de fracaso. Se extrañan de arruinar la relación con la mujer a la que aman y se preguntan por qué se olvidan tan a menudo de poner el despertador la mañana que tienen que presentarse al examen que tan bien han preparado. «No tienes más que lo que mereces», sentencia el tribunal de las fantasías.

No creáis que el sentimiento de culpabilidad no tiene ningún punto en común con el de la vergüenza. El hecho de no tener los mismos orígenes no les impide emparejarse. Estoy pensando en la señora M., que tuvo que cuidar a su madre enferma de Alzheimer. Durante casi veinte años fue madre de su madre, lo que le impidió ser madre de sus hijos y esposa de su marido. Prisionera del afecto que la hacía responsable, habría sentido vergüenza ante sí misma de no consagrar sus esfuerzos a la madre enferma. Cuando finalmente esta murió, la pérdida le causó una inmensa tristeza al mismo tiempo que unas bocanadas de extasiada felicidad. «¡Por fin libre! ¡Puedo ir al cine esta noche con mi marido!» ¡Terrible felicidad! Inmediatamente sintió el peso de la vergüenza. «Me da vergüenza ser feliz porque mi madre está muerta.» Es moral sufrir por la muerte de los que amamos, es vergonzoso sentir alegría por su desaparición.

No se libra uno de la culpabilidad, sino que se adapta a ella para sufrir menos. Se traman costosas estrategias de expiación, de autopunición o de redención superficial. «Me hago daño porque he hecho daño», piensa el que ejecuta las sentencias de su tribunal interior. No entiende por qué se castiga, no se lo explica, porque el rechazo es tan grande que le impide tomar conciencia. Y cuando deja que la imagen de la falta salga de la sombra, se golpea el pecho repitiendo: «Es mi culpa, mi gran culpa». Jamás he oído decir: «Es mi vergüenza, mi gran vergüenza», pero he visto a menudo a avergonzados cubriéndose el rostro con las manos, como si con esa actitud quisieran decir: «No soporto ver que me veis en este estado. Vuestra mirada me traspasa hasta mi íntima mediocridad».

La vergüenza y su contrario

Uno se adapta a la vergüenza mediante comportamientos de evitación, de ocultación o de retirada que alteran la relación. Y, sin embargo, siempre se acaba saliendo de la vergüenza, pero como se sale de una madriguera. Con la edad la vergüenza se apacigua, porque nos hemos vuelto más fuertes, más confiados y porque, al estar más personalizados, nos aceptamos tal como somos, y concedemos menos poder a la mirada de los otros. La vergüenza es menos viva porque nuestras emociones menos intensas son más fáciles de dominar. Pero no es raro que la vergüenza se convierta en su contrario y adopte un aire de superioridad.

La otra noche en Burdeos, en una reunión en la sinagoga, una mujer explicó que cuando era niña, durante la Segunda Guerra Mundial, tuvo que cambiar de nombre para evitar la muerte. Ocultar sus orígenes judíos le permitió sobrevivir, pero la niña se moría de vergüenza cada vez que oía explicar a los buenos campesinos que la protegían que tenían dificultades económicas por culpa de los judíos responsables de la guerra. Cuando llegó la Liberación, la chica, única superviviente de su familia, siguió ocultando su judaísmo, hasta tal punto estaba impregnada de vergüenza su memoria. Pensaba confusamente: «¡He pertenecido a una familia judía responsable de la desdicha de esas buenas gentes que me han ocultado en su casa!». Basta con no decir que soy judía para que todo el mundo me quiera, pero si articulo la palabra «judío», las personas que amo me mirarán con hostilidad. Del secreto que le había salvado la vida durante la guerra, pasó a lo nodicho que le permitía vivir en armonía con sus allegados. Le hubiera gustado decirlo y no seguir ocultándolo, pero para eso habría necesitado que su entorno le diera la palabra.

Un día, cuando tenía ya más de sesenta años, mientras tomaba el té con una vecina, le dijo: «Soy judía, ¿sabe?». Como si esta «confesión» no tuviera nada que ver con la conversación, la vecina siguió el hilo de la charla. Mediante esta simple declaración, la mujer judía acababa de descubrir en unas pocas palabras que su detractor íntimo se había callado por fin. A partir de entonces, en cada encuentro repetía: «Soy judía, ¿sabe?». En aquella época los vecinos se interesaban por la Shoah, porque la cultura había cambiado y los relatos cercanos ya no revelaban las mismas historias. Algunas personas pensaron que la mujer pretendía llamar la atención, tomaban por arrogancia lo que para ella no era más que un placer de libertad.

De modo que la palabra «vergüenza» puede significar exactamente su contrario. Stanislas Tomkiewicz nació en 1925 en Varsovia. No era un buen año para nacer judío. Después de las persecuciones antisemitas, fue encerrado en el Gueto y luego deportado a un campo de exterminio. Al llegar la Liberación, el adolescente moribundo fue enviado a Francia por la Cruz Roja. Unos decenios más tarde, cuando ya se había convertido en un psiquiatra de fama internacional, fue invitado a Jerusalén. Contemplaba petrificado cómo los soldados israelíes controlaban a los árabes y murmuraba: «Se repite... se repite...». Stanislas, habitualmente alegre, se volvió sombrío. Dijo: «Me da vergüenza ser judío». Pero la palabra «vergüenza» en este caso no designaba en absoluto el mismo sentimiento que el de la dama de Burdeos. Cuando esta decía «vergüenza», evocaba una emoción de degradación peligrosa, una pertenencia a una comunidad manchada. En cambio, Stanislas, cuando utilizaba la misma palabra, quería decir que estaba orgulloso de sentir vergüenza, como si explicara: «No me pongo de parte del agresor. Sé demasiado bien lo que es, me recuerda a Varsovia, ¡se repite!». Al decir que estaba avergonzado expresaba su orgullo de tomar partido por los oprimidos. Pese a pertenecer al grupo de los dominantes, al decir que sentía vergüenza dejaba de sentirse solidario con ellos.

Este proceso de «transformación en lo contrario»[7] no es raro en la vida diaria. Vemos a obesos que exhiben su adiposidad cantando en una coral de gordos, vemos a calvos que incitan a reírse de su calvicie y a homosexuales que organizan un exuberante desfile del orgullo gay.

«A veces hasta me parece simpático»[8] ese sentimiento de vergüenza que siento a menudo. Un poco de vergüenza demuestra que no soy un dominador, es como decir hasta qué punto estoy orgulloso de mi modestia. Se puede incluso experimentar un placer erótico sintiendo un poco de vergüenza, como una mujer que se muestra desnuda por primera vez ante la mirada del hombre cuyo deseo ansía. «Para estimularlo, tengo que aceptar fingir una deliciosa timidez sexual que nos llevará a la intimidad.» Los hombres tímidos que se avergüenzan de su erección dicen que les incomoda la expresión física de su deseo, nunca dicen que son culpables de su apetito.[9]

«Cuando estoy desnuda, sola en el baño, no siento vergüenza —dice la mujer—, aunque me entristece ver mi celulitis.» «Cuando tengo una erección en presencia de mi gato —prosigue el hombre—, no le pido que se dé la vuelta para evitar su mirada.» «Pero cuando estoy desnuda en presencia del hombre cuyo deseo ansío —piensa la mujer—, me gustaría tanto ser perfecta y sexy a sus ojos que "la vergüenza puede vincularse al fracaso de nuestras pretensiones personales".»[10] La escisión entre lo que soy y lo que aspiro a ser constituye una verdadera herida traumática. Cuando la realización de uno mismo es despreciable comparada con el sueño de uno mismo, la imagen desgarrada que nos representa crea un sentimiento de vergüenza ante nuestros propios ojos. De modo que se puede sentir vergüenza de mostrar una imagen de uno mismo que se considera desgarrada, aunque el otro no la vea así.

Transparencia del avergonzado

La pobreza crea una situación comparable. La miseria no es un vicio, pero los andrajos que la revelan ofrecen una imagen de deterioro que avergüenza al necesitado. Un pantalón gastado equivale a llevar un letrero que cuenta a los demás lo que se querría ocultar. La vergüenza de la miseria se manifiesta en la transparencia: «Mi pantalón gastado exterioriza, a mi pesar, mi degradación social».

El adolescente que cree que su madre ha adivinado sus sueños eróticos se muere de vergüenza ante su mirada aunque, evidentemente, ella no puede entrar en ese mundo íntimo en el que no tiene cabida. Durante el día, el adolescente se ha sentido penetrado por la mirada de su madre que ha analizado detalladamente sus actitudes y «registrado» su ropa. Por la noche, cuando el adolescente tiene un sueño erótico, su memoria prosigue con ese sentimiento de ser descubierto. Cuando más tarde, tras haberse independizado, pueda pagarse un pantalón nuevo o presentar la novia a su madre, podrá reírse del pantalón desgastado, jactarse de haber triunfado sobre la miseria y sorprenderse de su fantasía de transparencia mental. Una vez salido de la miseria y liberado del dominio paterno, habrá modificado la representación de sí.

Esta vergüenza despersonalizante, al atribuir al otro el poder de una mirada severa, se convierte en una especie de masoquismo moral, que es lo opuesto del masoquismo perverso. Sade o Masoch piensan que el otro no es más que un instrumento de placer. Para considerar que se encuentra ante una persona y no simplemente ante un *sex-toy*, debería interesarse por su mundo íntimo, conocer su historia y descubrir sus valores. Un perverso no sabe ni siquiera que es posible plantearse la cuestión del mundo del otro. En cambio, el avergonzado piensa tanto en lo que el otro piensa de él que su estrategia relacional, a fuerza de no afirmarse, altera la intersubjetividad. La vergüenza postraumática provoca tal anulación del herido que acaba por incomodar al compañero: «Mirad lo que soy —podría decir el avergonzado—, ¿cómo queréis que ella ame a un miserable como yo? Para amarme, necesita tener una compensación. Voy a dárselo todo para merecer una migaja de su afecto.» Este tipo de negociación afectiva despersonaliza al avergonzado, que, para conseguir que le amen, se coloca a sí mismo en la cinta transportadora de la depresión por agotamiento. De ahí que el *burn-out* sea tan frecuente en las relaciones de ayuda profesional. El 30 por ciento de las enfermeras lo padecen. Los cuidadores que no están protegidos por la distancia afectiva que permiten las máquinas se agotan todavía más. La interrupción del tratamiento, que permite que se produzca la muerte del enfermo, es un sufrimiento para el cuidador, un desgarro insidioso.[11] Esta cifra es más elevada aún entre los psicoterapeutas. Una relación demasiado fría, sin desplazamiento del afecto sobre el cuidador, no invita a la elaboración mental, pero cuando la transferencia afecta al terapeuta al evocar un aspecto doloroso de su propia historia, el cuidador no sale indemne.

Esta tendencia a ponerse en el lugar del otro, este exceso de empatía, define una estrategia ética y vulnerabilizante a la vez. Witold Gombrowicz, nacido en una familia de aristócratas polacos descendientes de la nobleza lituana, estaba destinado a ser abogado para gestionar la fortuna familiar. Pero cuando a los diez años descubrió la «abominable verdad», se apoderó de él una enorme vergüenza: «... Nosotros, los "señores", éramos un fenómeno grotesco y absurdo, estúpido, dolorosamente cómico y hasta repugnante...».[12] Humillado por su condición de aristócrata que no había hecho nada para merecer, el niño se siente avergonzado de su nobleza, como otros mueren de vergüenza porque la muerte de su madre les causa alivio. «Cuanto más dominante soy, más me humilla la desdicha de los dominados», decían los aristócratas la noche del 4 de agosto de 1789 cuando se vieron despojados de sus privilegios.

Una vergüenza parecida nace en el alma de Sacher-Masoch, cuya rica familia poseía todos los honores. Felicidad inmensa: «Mi padre tenía un gran sueldo y además disponía de un espléndido apartamento en la jefatura de policía, calefacción, luz, vestuario, palco en el teatro, todo a costa del Estado».[13] ¿Podríais comer un plato delicioso teniendo en vuestra mesa a un niño hambriento desmayándose de inanición? Para entregaros al placer de comer, debéis darle una parte de vuestro plato. Esta reacción es la que impulsó al pequeño Leopold Sacher-Masoch a participar en la lucha de los sublevados de Praga en 1848. Con doce años subió a las barricadas y se excitó con el «ruido seco de los disparos que salen de los fusiles, con el mando vibrante de los oficiales, los gritos de los combatientes, los gemidos de los heridos [que le] transmitían sensaciones embriagadoras».[14] Desde el día de este nacimiento espiritual, Leopold Masoch consagró su existencia a estar junto a los pobres y a defender a los oprimidos, pudiendo solo ser feliz dando un poco de felicidad. Para estos dos muchachos, Witold y Leopold, el poder y la riqueza eran fuentes de vergüenza, porque se obtenían aplastando a los otros. Uno puede librarse de la vergüenza acudiendo en socorro de los débiles y de los oprimidos. Este es el precio por el que uno se permite la dulzura del consuelo y el placer del erotismo.

El momento álgido de la vergüenza se produce en la adolescencia, en ese período en el que el nacimiento del deseo empuja al joven a preguntarse: «¿Quién soy yo a los ojos del otro? ¿Soy despreciable debido a los andrajos que desvelan mi miseria, o soy miserable debido a mi riqueza que humilla a los otros? Sea rico o pobre, sufro por lo que veo de mí en la mirada de los otros».

Uno puede librarse de la vergüenza como un esclavo que compra su libertad seduciendo al dueño, subiendo a las barricadas para concederse la imagen de sí mismo salvando a los oprimidos, convirtiéndose en albañil para recuperar la dignidad de hombre deshumanizado o escribiendo un libro para realzar de nuevo a los que han sido rebajados. El día de su llegada a Auschwitz, Primo Levi reconoció a un guardián, que también era químico, e intentó acercarse a él. El SS miró hacia otro lado, dando así a entender al deportado que era transparente. A sus ojos ya no era un hombre. Por tanto, se le podía arrojar a un horno sin tener la sensación de haber cometido un crimen. Pero cuando Primo Levi, privado de su humanidad, encontró a Lorenzo que, en el horror de la realidad, había conservado la dignidad, le miró, le admiró y le imitó, salvándose así de la vergüenza: «A Lorenzo le debo el no haber olvidado que yo también era un hombre».[15]

Compartimos el placer, expresamos la cólera, ocultamos la vergüenza

«Os concedo el poder de colmarme de vergüenza o de devolverme mi dignidad.» ¡Qué curioso dilema! La plasticidad de este sentimiento depende de la influencia que se conceda al otro. ¡Y este poder es mudo!

Sin embargo, se puede analizar y evaluar. Bernard Rimé envió un cuestionario a novecientas trece personas de edades comprendidas entre los doce y los sesenta años.[16] «¿Qué emociones fuertes ha experimentado usted estos últimos días?» Con este sencillo método recogió numerosos testimonios de cólera, de tristeza, de temor y otras emociones. La vergüenza apareció citada en más de la mitad de los casos. Pero cuando el científico añadió: «¿De qué emociones ha hablado con su cónyuge, con su familia, con sus amigos o en el trabajo?», obtuvo respuestas sorprendentes. La cólera y la depresión fueron las emociones comentadas con más facilidad. De modo que el entorno pudo reaccionar ante ellas compartiendo palabras. ¡Excepto en el caso de la vergüenza! Frecuente, intensa, conmocionando almas, envenenando a unas y desorientando a otras, ¡la vergüenza permanece muda! No resulta desagradable explicar la cólera. La conversión en un acto hablado le otorga un efecto tan calmante como una descarga motriz: «¡Tengo que decirlo!». Cuando alguien comparte nuestra cólera nos sentimos menos solos; cuando creemos que nuestro interlocutor se pondrá de nuestra parte y se convertirá en nuestro aliado, nos sentimos comprendidos. El hecho de hablar nos calma, la comprensión que atribuimos al que nos escucha nos tranquiliza.

Hoy en día, se habla de la depresión con mucha más facilidad. No siempre se puede decir: «He pasado tres meses en un hospital psiquiátrico», pero se pueden elegir otras palabras como: «Estoy harto, desanimado, no tengo ganas de nada», que nos permiten compartir un sentimiento que probablemente el otro también ha experimentado. En realidad, seguimos siendo personas normales, a pesar de la depresión.

Las palabras de la vergüenza son difíciles de decir porque tememos la reacción del otro. Imaginemos que alguien dice: «Perdón, llego tarde, me acaban de violar al subir las escaleras de su casa». Sea cual sea vuestra reacción, será mala. No se puede decir: «No es nada, no piense más en ello». A menudo vemos en el titubeo del oyente y en su mirada burlona que trata de descubrir de qué modo la víctima ha podido provocar al agresor. Cuando se haya manifestado la única reacción posible: «Voy a tranquilizarte y luego te acompañaré a la comisaría», la distancia en el tiempo ya habrá modificado el sentimiento de vergüenza. Cuando una se ha hecho fuerte, puede decir veinte años más tarde: «Fui violada», pero cuando la humillación se acaba de producir, el sentimiento de estar envilecida impide expresarse.

El éxito, una máscara de la vergüenza

¡Es increíble lo apasionante que resulta la desdicha ajena! Es porque el herido no controla la reacción del entorno al que se confía. Los bomberos son héroes, admiramos su fuerza y su valor, son invulnerables porque nos salvan. No temen a nada, ni al fuego ni a la muerte. Pero un día Superman vacila, se repliega, se aparta y se esconde para llorar.[17] Le da vergüenza sentirse afectado por los horrores que ha tenido que superar. Y los testigos burlones sienten cierto placer al verle por fin humillado, como cualquier hijo de vecino.

De modo que, como la vergüenza no puede expresarse y no podemos vivir en otro lugar que no sea entre nuestros semejantes, tenemos que inventar algunas estrategias para salir de ella. La ambición es una excelente máscara de la vergüenza cuando el sujeto rebajado se torna orgulloso de su rebelión. «Creéis que soy despreciable, pues bien, ¡os demostraré quién soy realmente!» Esta reacción compensatoria le da a la humildad fuerza para rehabilitarse. Pero en esta legítima defensa, la vergüenza sigue siendo la referencia. El avergonzado no se libera de su veneno, simplemente ha encontrado un contraveneno necesario y costoso.[18] Ahora todos sus esfuerzos ya están consagrados a lograr el éxito que le permite representar una imagen victoriosa de sí mismo. Al hablar solamente de victorias, enmascara las derrotas que le envenenan en silencio. Detrás de la luz social se construyen las criptas donde susurran los fantasmas.[19] El éxito no siempre es una prueba de felicidad, a menudo incluso es el beneficio secundario de un sufrimiento oculto. Por otra parte, los que inventaron la palabra «éxito»* entendieron muy bien que se trataba de librarse de la vergüenza, como un esclavo que compra su libertad. Tener éxito es hallar una vía de escape al sufrimiento, una salida cuando se está encerrado, encajado entre los raíles que obligan a la repetición. El muerto de vergüenza comprende de repente que podrá salirse haciendo exactamente lo contrario de lo que ha provocado su envenenamiento sentimental. En este caso el éxito es un combate y no una plenitud. No es raro que un muchacho flaco pero barrigudo se sienta despreciable a los ojos de las chicas. Avergonzado de su cuerpo a una edad en que necesita ser deseable, acude regularmente a un gimnasio y en unos meses se convierte en míster Músculo. Renuncia a los estudios mientras levanta toneladas de pesas, pero por fin se mira al espejo complacido. Ya no se avergüenza de su cuerpo, sin embargo se pregunta por qué sigue sin gustar a las chicas. «Y eso que tengo unos bíceps de cuarenta y tres centímetros de contorno», se repite. Ha compensado su vergüenza de tener un cuerpo flaco y muelle, pero no ha mejorado su capacidad de establecer relaciones afectivas.[20] El combate compensatorio contra la vergüenza es una legítima defensa, pero evidentemente no es una plenitud resiliente. «Los mecanismos de liberación exigen un trabajo en profundidad... para salir de la inhibición y redinamizar sus potencialidades creativas... transformar su relación con las normas sociales...»[21]

La maravillosa Romy Schneider tenía once años cuando la metieron en un internado religioso cerca de Salzburgo. Su madre iba a verla tres o cuatro veces al año; su padre, nunca. Magda Schneider, su madre, era una actriz famosa, amiga de Hitler y muy comprometida con la propaganda nazi. «¿Cómo se puede ser ale-

---

* Del latín *exitus*, «salida». *(N. de la T.)*

mán?»,[22] se preguntaba la niña cuya personalidad se desarrollaba después de la guerra, rodeada de representaciones de los crímenes nazis. La vergüenza de sus orígenes suponía una amargura constante para Romy, cuya «rebelión adopta la forma más simple para una chica de su edad: enamorarse de muchachos que no le gustan a su madre».[23] No se trataba de una verdadera elección de compañero, sino de una oposición al compromiso ideológico de su madre. Por otra parte, cuando Romy se convirtiera a su vez en madre, pondría a sus hijos nombres judíos para significar la ruptura con sus padres y compensar su vergüenza amando a aquellos a quienes su madre persiguió.

Muchos jóvenes alemanes lograron librarse de la vergüenza de tener semejantes padres oponiéndose públicamente a ellos. Pero en la proximidad afectiva de las relaciones familiares, el silencio de lo no-dicho pesaba sobre el hogar: «No sabréis nada de mí. Nada, ni una palabra. Lo que hicieron se mantendrá secreto... mis padres arden en el infierno... En cuanto a mí, me han condenado a vivir culpable... Una vez, solamente una vez, mi padre estaba tan borracho que explicó lo horrible que había sido matar a los niños uno por uno con la pistola, porque los imbéciles de los soldados habían apuntado demasiado alto con sus fusiles ametralladores. Solo habían alcanzado a los adultos... ¡Dios mío, mi querido papá! Era una buena persona...».[24]

Los maestros del sueño y el espejo sucio

Un mismo hecho puede provocar a la vez vergüenza y orgullo, según la mirada del entorno. La proximidad entre estos dos sentimientos opuestos es grande. Primo Levi se creía valiente antes de ser deportado, pero poco después de llegar al campo de exterminio bajaba los ojos para evitar los golpes, no pensaba más que en protegerse del frío y en comer a escondidas las mondas que habían caído al suelo. Cuando los libertadores descubrieron los horrores del campo, no pudieron evitar mirar a los supervivientes con estupor y repugnancia. Entonces, ante la mirada de los salvadores, Primo Levi se murió de vergüenza una vez más. Había sobrevivido porque su fama de científico le eximió de la marcha que, en la evacuación de Auschwitz, mató a decenas de miles de cadáveres ambulantes. «Tuvieron consideración conmigo porque era un químico célebre»,[25] escribió.

En los años de posguerra, los hijos de nazis refugiados en Argentina, en Egipto o en Siria estaban orgullosos del nazismo de sus padres. Los relatos próximos glorificaban las acciones de esos hombres que habían luchado para hacer realidad los mil años de felicidad prometidos por Hitler. La transformación en su contrario no es rara cuando «lo que era motivo de vergüenza puede convertirse en objeto de orgullo».[26] En Turquía, a principios del siglo XX, los éxitos intelectuales y sociales de los armenios humillaban a los jóvenes turcos que no tenían tanto éxito. La excusa de la traición armenia a favor de los rusos[27] les permitió enmascarar su vergüenza y destruir a los armenios sin sentirse culpables.

Ser judío «es una maldición», me decía Charles. Pasó la infancia en Łódź, una ciudad polaca donde los numerosos judíos se dedicaban a la banca, a la industria, al cine y a la música, hasta que el antisemitismo los expulsó de allí. Recién llegado a Francia, se unió a la Resistencia y dijo (como Henri Bergson, André Froissard y muchos otros): «Fue la guerra la que me impulsó a mantenerme judío y a defenderme como judío uniéndome a los FTP-MOI».[28] La vergüenza y el orgullo conviven en su alma como un matrimonio que se despedaza y no puede separarse. «Se reprocha a los negros el hecho de ser incultos. Yo, que soy una mujer negra, siento vergüenza cuando un negro no es culto...» «Se reprocha a los judíos el hecho de ser avaros, yo, que soy judío, me siento orgulloso de gastarme la pasta para probarme a mí mismo que es falso.» Una antillana dice: «Aimé Césaire reivindica su "negritud", ¿habéis oído alguna vez a un blanco reivindicar su "blanquitud"?». La idea de «negritud» constituye la reacción defensiva de un ser humano que, «percibiendo su color como una maldición, lo transforma en estandarte».[29]

Cuando el espejo de uno mismo está tan sucio que resulta difícil mirarse en él, se puede limpiar con una buena exposición de pintura, un concierto en el que uno es la estrella, una publicación que se citará a menudo, «dispositivos que invierten el sentido de la vergüenza».[30] Cuando la imagen de uno mismo es insoportable, no es raro que el avergonzado se refugie en la ensoñación.[31] Allí al menos la representación de sí mismo, valorada por fin, crea un sentimiento agradable. Por supuesto sabemos que no es verdad, pero nos sentimos tan bien soñando así. Aunque se trate de relatos inventados, hablan bien de nosotros y representan nuestros deseos ocultos.

Todas las noches, en el dormitorio del orfanato donde le habían dejado, Armand tenía una cita con sus sueños. En el momento de dormirse, hacía que acudiera a su conciencia aletargada un gran perro amarillo desbordante de afecto. Entonces Armand se dormía sonriendo, gratificado por la satisfacción imaginaria de sus amores perdidos. Este placer es una confesión de amargura relacional: «Con este perro de sueño el afecto es fácil mientras que en la realidad no hay nadie que me quiera». Esta defensa regresiva permite respirar, tranquilizarse y recuperarse antes de emprender un esfuerzo de resiliencia.[32] Gracias a esta pequeña creatividad íntima que le proporciona una satisfacción imaginaria, el niño con carencias afectivas se tranquiliza y toma conciencia de sus deseos. Ahora hay que pasar a la realidad, y eso no siempre es posible. «El hombre feliz no necesita ensoñación»[33] porque ha tenido una jornada plena y se duerme apaciblemente muerto de cansancio. En cambio, el desgraciado necesita una representación onírica para modificar el sentimiento que tiene de sí mismo y dar una forma teatral a su nostalgia de afecto. Cuando una persona desgraciada no sabe refugiarse en la ensoñación, tan solo conoce la amargura de la realidad, porque no consigue sentir ni un destello de felicidad.

Los maestros del sueño son los poetas, los novelistas, los cineastas, cuyas obras nos atraen y dan forma a nuestros deseos a través de imágenes. Pero también existen los estafadores del sueño que se aprovechan de nuestros deseos para seducirnos con lo que esperamos.

Para que el sueño nos haga felices, basta con acostarnos, pero para desencadenar un proceso de resiliencia, necesitamos soñar y después levantarnos. La historia de Paulette Robinet ilustra esta idea: «Estás en el hospicio. Tus padres te han abandonado, a ti y a tus hermanos... No volverás a verlos». La niña se queda muda, la buena alumna se queda rezagada. Pero cuando empieza a soñar, la vida regresa a ella en forma de cuento: «Su padre es un príncipe muy rico. Un día encuentra a su madre, una muchacha muy hermosa y también muy pobre... la muchacha espera un bebé... hay que abandonarlo... es Paulette. Robinet* no es su verdadero nombre, dice, pero como lloraba tanto le pusieron este nombre porque las lágrimas manaban de sus ojos como el agua de un grifo... Más tarde, su padre el príncipe y su madre... se la llevarán con ellos».[34] Según este cuento, como una muestra de felicidad, en cuanto Ariela Palacz recupera una relación afectiva, se convierte de nuevo en una buena alumna y reconstruye su existencia.

A menudo los cuentos son relatos de vergüenza metamorfoseados en orgullo. Al fin y al cabo, Pulgarcito no es más que un enano en una familia deteriorada cuyos padres han venido a menos. Este hombrecito en un día de desesperación muestra su ta-

---

* La palabra *robinet* significa «grifo». *(N. de la T.)*

lento de salvador gracias a unos guijarros blancos. Protege a sus hermanos y redime la falta de sus padres haciendo que sean felices por recuperar a los hijos que deseaban abandonar.

Ilusión de verdad

Piel de Asno, avergonzada de tener un padre innoble con deseos incestuosos, salva su moral y la de su real seductor protegiéndose con unos andrajos repulsivos y convirtiéndose luego de nuevo en princesa, orgullosa de haber evitado la tragedia.

El efecto antidepresivo del refugio en la ensoñación induce a ver otro aspecto del mundo que no es el terrible y a construir luego un proyecto de retorno a la vida. En los campos, los deportados que estaban a punto de morir de hambre imaginaban las recetas de cocina que un día compartirían con sus allegados, tras la Liberación. Se derretían de ternura cuando veían a un soldado de las SS haciendo la corte a una guardiana. El mundo ya no era solo una pesadilla, a veces se podía hallar en él un resto de felicidad.

La ilusión es un engaño, pero no del todo, ya que no nos dejamos embaucar por cualquier cosa. Para que una ilusión nos engañe es necesario que nos prometa lo que esperamos y que no nos va a dar. La estafa solo puede tener éxito porque el estafador promete al estafado hacer realidad parte de sus sueños, convirtiéndole así en un cómplice manipulado. La realidad también puede estafarnos, como lo hace una apetecible seta venenosa o una droga que nos promete un instante maravilloso. Nos estafamos a nosotros mismos con estas sustancias, pero tenemos más habilidad aún para tratar de estafarnos gracias al relato que hacemos de nuestros traumas. Hay que dar coherencia al fracaso si queremos recuperar el dominio de nuestro mundo psíquico trastornado. Por consiguiente, nos dejamos embaucar, aceptamos ser presa de las sectas y de los dictadores que nos prometen recuperar la felicidad que acaba de escapársenos.

¿Es el mito una ilusión de verdad?

Un niño no accede al relato de uno mismo hasta que tiene entre cinco y siete años. Solo en ese estadio de desarrollo su sistema nervioso es capaz de producir una representación del tiempo, conectando una información pasada (una huella, una experiencia) con un sueño de futuro. Entonces puede actuar sobre el espíritu del otro mediante un relato, y no ya solamente mediante gritos, llantos o actitudes de búsqueda de protección. Al explicarse a otro, consigue introducirle en el alma una representación soportable de sí mismo. A partir de entonces se puede argumentar una vergüenza menor en un alegato o mediante una obra de arte en la que el avergonzado trata de modificar la imagen de sí que ofrece al otro. Un niño miente para protegerse si cree que está en peligro. Pero cuando cuenta una historia inventada, se trata de una novela sincera en la que dispone sus recuerdos para construir una buena imagen de su existencia que le permita sentirse mejor ante la mirada del otro.

Nos vemos mejor cuando el espejo está limpio. La comedia que asocia los gestos, las palabras, los guiones y las ideas posee un gran poder de remodelación de las imágenes. El autor de un relato es capaz de escenificar lo que no se atreve a decir. Luego, cuando haya modificado vuestro mundo mental y ya no se sienta rebajado por vuestra mirada, la mentira habrá perdido su función protectora.[35] La relación recupera su autenticidad cuando el avergonzado deja de sentirse despreciado.

La mitomanía constituye un ejemplo de inversión, de giro de ciento ochenta grados que hace navegar al herido desde lo no-dicho de la vergüenza hacia el relato de una fantasía. Ha habido que esperar al siglo XX para descubrir la mitomanía y comprender que manifiesta un sufrimiento de la imaginación y de la emotividad.[36] El avergonzado que se envenena el alma bajo la mirada del otro de vez en cuando se permite un viaje a la mitomanía: «Voy a confiaros un maravilloso acontecimiento de mi vida que creará una fábula extraordinaria de mí. Durante unas horas me sentiré admirado». Se trata de una droga de la imaginación[37] porque el avergonzado se gusta tanto en estos viajes fabulosos que, tras el vuelo, su descenso a la tierra es triste y doloroso. Entonces el drogado empieza rápidamente a construir otra fabulación, a fin de plantar en vuestra alma una imagen magnífica de sí mismo. Si cambia el espejo, consigue admirarse. La mentira es una defensa que el agredido construye cuando se siente en peligro, mientras que la deslumbrante mitomanía es una forma de ocultamiento que el avergonzado relata como un contraveneno.

Cuando la realidad es delirante, un sueño delirante proporciona un instante de felicidad, y cuando las relaciones amargan al avergonzado, un momento de evasión a un relato del que se sienta orgulloso le proporciona un instante de euforia. Esta película representa un sueño de uno mismo que nos gustaría que fuese real,[38] una evasión íntima a un imaginario glorioso cuando «estamos adheridos al presente y a las cosas».[39] Los maestros del sueño nos cuentan «hermosas historias que nos hacen olvidar la realidad anodina y nos dan valor para esforzarnos por transformarla».[40] La mitomanía, ensoñación en voz alta, es una ilusión compartida para hacer frente a la realidad.

Los no soñadores, adheridos a la realidad, prisioneros del instante, son incapaces de anticipar un proyecto de existencia. Pero a la inversa, los que no hacen más que soñar huyen de la realidad. Prefieren sumergirse en las fábulas y contentarse con las palabras antes que afrontar una desesperación ineludible. Los que sueñan para proporcionarse simplemente una brizna de felicidad descubren lo que todavía tienen que hacer para metamorfosear la realidad e impregnarla de su deseo. Estos pueden librarse de la miseria social o del deterioro psíquico.

Cualquier «traumatismo es susceptible de activar el mito como mecanismo de defensa».⁴¹ La mentira protege de un peligro externo cuando se miente para apartar al agresor. La mitomanía protege al individuo del peligro de desprecio que ve en el espejo que componen los otros. Y el mito protege al grupo del peligro de disolución.

La ilusión del mitómano crea en el espíritu de los otros un sucedáneo de admiración, su efecto protector prepara una decepción. A Pascal le gustaba explicar a sus compañeros de la escuela que su madre se peinaba todas las mañanas y que no desayunaba hasta haberse maquillado. Los niños apenas escuchaban este testimonio que para ellos no tenía ningún interés. Pero gracias a este relato, Pascal se regalaba durante unos segundos la imagen de una guapa mamá, opuesta a su madre real, adicta al alcohol y al tabaco que, por la mañana, entraba en la cocina sosteniendo en la misma mano un vaso de vino y un cigarrillo. «Mi padre organiza todas las fiestas del pueblo», explicaba otro niño cuyo padre, apoltronado delante del televisor, no hablaba nunca. «Mi novia es rubia, dulce y muy alegre. Hacemos excursiones a la montaña y por la noche vamos al teatro», repetía constantemente un adolescente aterrorizado por las mujeres. Todos estos jóvenes compensaban su herida narcisista inventando una máscara maravillosa que proponía, como una ilusión de sí mismos, lo que soñaban ser, a fin de acabar con el desprecio y provocar la admiración de los demás.

Cuanto mayor es la desgracia, más gloriosa es la victoria

El cuento del mitómano es una ilusión de verdad que escenifica los sueños para ocultar la realidad. Aline me dijo un día: «Me daba vergüenza no tener padres. De modo que cuando se me acercaba un chico mentía, me inventaba unos padres maravillosos y hablaba mucho de ellos. Le decía que estaba horrorizada de la factura de teléfono para hacerle creer que tenía muchos amigos. Soñaba con tener unos padres maravillosos, un padre funcionario y una madre en casa».[42] El sueño maravilloso de un niño sin familia sería una pesadilla vergonzosa para un adolescente abrumado por los padres.

Para salir del letargo, para dar mayor aliciente a una existencia anodina, algunos se inventan una tragedia. ¡Por fin una maravilla, un momento de vida intensa! Es preciso que la desgracia sea grande para que la victoria sea gloriosa. Una pequeña miseria no podría proporcionar un sentimiento de grandeza. Por tanto, más vale utilizar una historia trágica, explicar cómo hemos sobrevivido a un genocidio, cómo hemos luchado con lobos, o cómo morimos mártires, a fin de vivir aún mejor en el espíritu de los demás. «Es el relato el que erige el hecho fundador, el que engendra el sentido.»[43] El martirio no dista mucho del heroísmo, «instrumentaliza al otro a fin de desplazar la violencia sobre él. Es el arma de los débiles, cuya finalidad es reforzar la simpatía que despiertan y orientar hacia el vencedor el odio o el desprecio... El martirio y su escenificación acaban invirtiendo la correlación de fuerzas y dando la victoria final al grupo que practica el autosacrificio».[44] Para que el martirio sea eficaz y provoque el odio al vencedor, hay que escenificarlo. En una cultura que se identifica más con la víctima que con el agresor, unos minutos de televisión bastarán para suscitar la indignación mundial. El odio a los vencedores se convierte en una virtud para los espectadores que rearman a los vencidos.

En ese contexto, los individuos que consiguen borrar la vergüenza con más facilidad son los que aman la acción. Cuando uno está vencido, humillado, degradado, es más fácil reparar la propia imagen deteriorada efectuando un acto revalorizador, aunque sea destructor. Las personas introvertidas a las que les cuesta trabajo expresarse comparten mal sus emociones y se abandonan a la soledad. El riesgo de desgarro es mucho mayor cuando el herido mudo se siente defraudado por su falta de reacción defensiva. La autodecepción impide librarse de la vergüenza.[45] A veces las «situaciones en las que un individuo se enfrenta a la diferencia entre lo que creía ser y lo que descubre que es»[46] provocan traumas íntimos. Las autodecepciones, las escisiones entre sus propias identidades, entre el sueño de sí y la realización de sí mantienen la vergüenza, como un trauma íntimo. Muchos niños sobrecatectizados por sus padres que soñaban con convertirlos en realizadores de sus propios sueños frustrados se creen superhombres debido a la sobrevaloración de sus padres. Pero cuando lo que hacen por sí mismos es correcto, sin más, en vez de mostrarse satisfechos, se sienten desgarrados. La decepción de sus sueños y de los sueños de sus padres es un trauma para ellos, una vergüenza oculta: «No estoy a la altura de la estima en que se me ha tenido y en la que creí. Siento vergüenza». En este caso la vergüenza no está vinculada al fracaso. Muchos chicos sueñan con ser grandes futbolistas y cuando acaban admitiendo que simplemente son buenos jugadores, dicen: «Es un fracaso, pero he jugado bien, ahora voy a hacer otra cosa». En el avergonzado, la representación de sí está desgarrada: «Estaba convencido de ser grande y me encuentro despreciable». En estos casos son frecuentes las reacciones paranoides: «Mis padres me impusieron sus deseos. Soy desgraciado por su culpa». Algunos avergonzados «empeoran la abyección».[47] Puesto que sus padres son elegantes, ellos harán lo posible por vestirse mal, como un niño que se araña el rostro para hacer daño al objeto amado por sus padres, como los que suspenden a propósito los exámenes que tan felices habrían hecho a sus allegados, o los que se cargan el coche regalado por el padre para castigarle por haber degradado a su hijo haciéndole un regalo tan bueno. Todos estos acaban amando la vergüenza que les sirve de venganza. «Y ese pobre avergonzado era la imagen de lo que yo hubiera querido ser.»[48] Genet había convertido sus sufrimientos de niño en un relato de mitómano perseguido para formar parte del partido de abyectos que desean provocar el desprecio. No queremos librarnos de la vergüenza cuando nos aporta tantos beneficios.

Sin embargo, existen muchas vías para salir de la vergüenza. Podemos someternos a los imperativos del grupo a fin de volvernos anormalmente normales, como todo el mundo, un clon cultural perfectamente aceptable en el que la vergüenza no resaltada será borrada. Podemos someternos a una fuerza sobrehumana, trascendente, en la que la sumisión es un valor moral que glorifica a los que se incluyen en sus filas. Pero también podemos buscar en el fondo de nosotros mismos los valores personales adquiridos a lo largo de nuestra historia y descubrir una especie de mito íntimo, a la carta, que tematiza nuestra existencia, que vale para esta persona y no forzosamente para su grupo.

A las sociedades totalitarias les horroriza esta libertad íntima que escapa al control del jefe. No hay secretos en Tiranía, todo ha de ser dicho, confesado, comentado y castigado. A los totalitarismos religiosos o profanos les repugnan los mundos íntimos donde las personas no necesitan un sostén consensuado.[49] Este pulido de las personalidades da lugar a una especie de contrato perverso: la solidaridad será grande para quienes se someten a la ley del grupo. La felicidad prometida por los dictadores, los futuros que cantan los comunistas, los mil años de felicidad de los fascistas exigen una amputación de la persona. «Todos juntos compartimos los mismos intereses sociales.» Esta felicidad se obtiene a través del empobrecimiento del pensamiento individual, sustituido eufóricamente por el psitacismo de los loros.

La máquina de solidarizar, al imponer un relato para todos, falsifica la realidad para facilitar el proyecto del jefe. Todos los fragmentos de memoria son verdaderos, pero alimentan un relato adaptado a un objetivo ideológico.

Los loros nunca sienten vergüenza.

2

La muerte en el alma. Psicología de la vergüenza

EL «YO» SOLO EXISTE EN OTRO

El psitacismo que induce al individuo a recitar lo que oye sin pensar realmente en ello ni hacer una labor de reflexión proporciona grandes beneficios psicológicos. Un niño repite y considera verdadero lo que dicen los adultos que ama y que le protegen. Al repetir lo que oye ilumina su mundo, se siente amado, reforzado y seguro: enorme beneficio del psitacismo, felicidad de los loros.

De manera progresiva los niños se vuelven capaces de dejar de ser el centro de sus propias representaciones y representarse el mundo de los otros, distinto del suyo. El sujeto se está construyendo, la duda se vuelve creadora, ¡así que hay otros modos de ver el mundo! El desarrollo de la empatía invita al placer de la exploración de los otros y a la incertidumbre de la verdad. A las personas seguras les gusta esta aventura psicológica, pero las inseguras que se sienten agredidas por este progreso de la individualización necesitan certezas y el marco de seguridad que les proporciona el psitacismo.

He explicado recientemente la «teoría del espíritu»[1] muy utilizada hoy en día para comprender la intersubjetividad. Este fenómeno mental permite adquirir la conciencia de que «uno mismo y otro no se confunden»,[2] aunque diariamente estén interaccionando e incluso interpenetrando. Hasta la edad de tres años un niño no es capaz de decir «*yo* pienso esto». Y hasta la edad de cuatro años el mismo niño no es capaz de pensar: «Yo pienso así, pero pienso que él piensa de otro modo». Esta diferenciación entre uno mismo y los otros se construye gradualmente bajo el efecto de la doble presión del desarrollo del cerebro y de la armonización afectiva con el entorno. Un niño aislado no tiene ninguna posibilidad de desarrollar esta aptitud para representarse las representaciones de otro porque no hay ningún otro. Sin embargo, su cerebro está sano. Y a la inversa, un niño cuyo cerebro se desarrolla mal a causa de un accidente o de una enfermedad difícilmente accede a esta teoría del espíritu, aunque su medio sea sano.

Esta separación entre dos mundos mentales comunicantes y diferentes que se interpenetran todos los días da paso a la creación de una nueva pasarela de vínculos: el mundo de las palabras. Cuando estas presiones se armonizan, cuando la «sintonía afectiva»[3] esboza la construcción de una intersubjetividad a partir del sexto mes después del nacimiento, la representación mental de las representaciones mentales de los otros empieza a llenar el mundo de un recién nacido. Se trata de una coconstrucción gradual diaria durante años, probablemente incluso durante toda la vida. De modo que cabe concebir una alteración del vínculo intersubjetivo. Cualquier punto del sistema puede alterar esta pasarela de apego. Un cerebro dañado puede no ser capaz de descontextualizar una información, un cerebro sano puede desarrollarse mal por falta de informaciones exteriores, una estimulación demasiado penetrante puede invadir el mundo psíquico de un recién nacido, un niño demasiado emotivo puede dejarse subyugar por un hecho que otro juzgaría banal. Esta malformación de la intersubjetividad puede dar lugar a un sentimiento de vergüenza.

Este razonamiento sistémico permite decir que no es forzosamente una humillación real la que provoca la vergüenza. Un escenario humillante desencadena más bien una rabia muda, una desesperación o un embrutecimiento traumático. La vergüenza la origina sobre todo el hecho de creer que el otro tiene una opinión degradante. El avergonzado esperaba el aprecio del otro, pero la malformación del vínculo subjetivo le hace creer que para este otro ¡es despreciable! Penetrado por la mirada de aquel (aquella) con quien tanto habría deseado establecer relaciones de aprecio mutuo, sufre la decepción dolorosa de sentirse despreciado.

La humillación es una actitud conductual de una violencia extrema porque tiende a la destrucción del mundo mental del otro. En cambio, la vergüenza pretende el mantenimiento de un vínculo en el que el avergonzado se siente rebajado: «Te debería dar vergüenza» significa: «Te comunico que considero que deberías pensar que no estás ya a la altura de mi estimación». Un intento de humillación puede provocar una respuesta orgullosa, mientras que el vínculo doloroso de la vergüenza empuja a la desafiliación.

Esto me recuerda aquel programa literario en el que participé junto con Malek Chebel[4] y Jean-Marie Le Pen. El presidente del Frente Nacional replicaba a los ataques frontales de Malek como un boxeador verbal aguerrido, pero se quedó desconcertado cuando le pregunté si, en el marco de su política de acabar con toda la emigración, iba a exigir el retorno de los millones de franceses que trabajan en el extranjero. Me causó cierto placer su mirada colérica, y no me sentí rebajado cuando calificó mi argumento de «especioso». Al acabar el programa, se acercó a estrechar la mano de Malek y a mí me ignoró. En ningún momento me sentí avergonzado a pesar de su desprecio. La distancia era demasiado grande, la imposibilidad de construir juntos un puente intersubjetivo le privaba de la posibilidad de avergonzarme.

Para sufrir un desgarro, es preciso haber tejido un vínculo. Se puede hablar de trauma cuando este vínculo se destruye espectacularmente, pero también cuando se desmalla insidiosamente. Estos traumas son la norma cuando se desarrolla un sentimiento de vergüenza. Pero si bien la vergüenza produce en el fuero interno de uno mismo una emoción dolorosa cuya expresión altera la relación (miradas huidizas, cabeza gacha, evitación, murmullos atropellados), las causas de este trauma tienen orígenes diversos.

Vergüenza sexual

«No soy más que una mujer», me decía aquella mujer policía violada. Antes de haber sido agredida, le gustaba «vigilar a escondidas» y se entrenaba diariamente para la pelea. Cuando salió de comisaría, de uniforme y armada, la siguió un hombre, la cogió, le torció el brazo y la violó sin que ella tuviera tiempo de sacar el revólver. Se quedó destrozada. La imagen, la representación que se hacía de sí misma como mujer audaz, entrenada para la lucha, colega agradable, sonriente y parlanchina, quedó destruida en unos minutos. No fue el acto sexual lo que la destruyó, sino la representación de una penetración sexual impuesta por la violencia, una efracción de su cuerpo y de su alma que jamás habría imaginado.

Antes, cuando tenía relaciones sexuales con su compañero, no hablaba jamás de ello, por supuesto. Simplemente era una cuestión suya, al abrigo de la mirada social. Después de la violación, cuando presentó la denuncia en su propia comisaría, adoptó ante sus colegas la actitud de mujer vencida. Sabía que si hablaba crearía en su mente la imagen de una mujer tomada como un objeto, penetrada, golpeada, desgarrada. En unos minutos, había pasado de la afirmación de su feminidad fuerte y feliz a la vergüenza de haberse convertido en una mujer violada. En buena lógica tendría que haber considerado esta violencia como una agresión muy grave, pero en la representación que se hacía de las representaciones de los otros sabía que había perdido la imagen de mujer orgullosa para ofrecer la imagen de una pobre insignificancia: sentía vergüenza.

La vergüenza que se deriva no siempre se expresa mediante comportamientos de vergüenza. Se puede ocultar la degradación de la imagen detrás de una máscara de indiferencia o de cinismo. La «timidez adquirida» después de un suceso degradante nada tiene que ver con la hipersensibilidad genética, ya que, antes del trauma, la persona se desarrollaba tranquilamente y después tuvo que ocultar la parte dolorosa de su personalidad.

Los dos hermanos Alec y Kevin, de catorce y doce años respectivamente, percibían un denso silencio al regresar a casa. Una noche les despertó un ruido extraño. Al entrar en el salón, vieron a su madre desnuda, con las manos atadas al radiador como en postura de súplica. Estaba trastornada. Acababa de ser violada y golpeada por su marido. Miró a sus hijos sin decir palabra y los dos niños, sin decir palabra, fingieron ir al baño y se acostaron de nuevo. No se habló del asunto. Los niños no se atrevieron a hacer preguntas (¿qué podían preguntar?). Y la madre no se atrevió a explicar (¿qué podía explicar?). No sé dónde estaba el padre.

A partir del día siguiente, el comportamiento de los niños en la escuela cambió. Se volvieron tristes y silenciosos. ¿A quién podían explicar esta escena muda sin condenar a su padre, o tal vez a su madre? Por suerte, en medio de esta enorme gangrena psíquica, esta parte muerta de su mundo íntimo en el que nada podía pensarse (¿cómo pensar una cosa así?), los dos chicos encontraron un factor de protección que los salvó: ¡se convirtieron en buenos alumnos! Por lo general, los niños maltratados son malos estudiantes; la escuela no tiene ningún sentido para ellos, ya que están fascinados por lo que han vivido en casa. Pero a veces algunos utilizan la escuela para preservar un espacio amable y, sobre todo, como una vía de escape a problemas intelectuales que impidan pensar en el horror de lo que han vivido. Esta denegación que les protege del sufrimiento mejora sus resultados escolares, pero no les permite afrontar el problema (¿cómo habrían podido?) que reaparecerá tal vez diez o veinte años más tarde, el día en que tengan que solventar pequeñas diferencias conyugales. ¿Es así como se tratan las relaciones de pareja? ¿Quizá se sentirán tan angustiados que preferirán someterse o esconderse? Nadie entenderá esta reacción excesiva, demasiado amable o aterrorizada, ya que los heridos no podrán explicar nada. Probablemente nunca habrán analizado su fractura silenciosa (¿con quién trabajar un testimonio así?). No se trata de un rechazo en el inconsciente; se trata, por el contrario, de la hiperconciencia muda de un vínculo roto, imposible de recomponer.

Una personalidad herida se adapta a este trauma escindiéndose: una parte sociable, buena alumna y austera que, en nuestra cultura, conduce al éxito social, y la otra parte que se muere de vergüenza, continuamente, todos los días, ante el menor hecho que despierta la representación insoportable de ser el hijo de una madre desnuda, golpeada y atada al radiador por su padre.

La denegación que permite no sufrir no es, por tanto, un factor de resiliencia, ya que el herido no puede hacer nada con su herida. No reanuda su desarrollo afectivo, se mantiene crispado sobre su trauma mudo, como un absceso en el alma. Cuando más tarde una mujer haga nacer en ellos el deseo de una relación, esos muchachos se cerrarán todavía más porque la mujer despertará, sin querer, la vergüenza de la sexualidad.

El trauma no siempre es tan flagrante. Muy a menudo es insidioso, y la vergüenza adquirida durante el desarrollo graba en la memoria del niño un absceso difuso, un desgarro invisible. En las interacciones diarias, a veces un padre, sin darse cuenta, expresa gestos y mímicas de rechazo o de desprecio. Algunas expresiones verbales destructivas como «¡otra vez tú!... grr... ¡no me extraña de ti!», algunos gestos faciales involuntarios, como una boca apretada, un ceño fruncido, una rigidez del cuerpo que se aleja cuando el niño quiere abrazarse a él, expresan un deseo de distancia afectiva. Cuando estos gestos significativos, vitales para un niño, se repiten a diario a la menor interacción, durante años, acaban por grabar en la memoria del pequeño una sensibilidad infeliz, una vulnerabilidad adquirida que se manifiesta mediante comportamientos de humildad excesiva.[5] El niño se anula, se calla, baja los ojos y evita cualquier enfrentamiento verbal. Su impulso afectivo hacia un padre que le rechaza le ha hecho adquirir la sensación de que cualquier afecto es inaccesible. Se vuelve anormalmente bueno, alicaído, silencioso, distante, hasta llegar a la adolescencia, cuando necesitará utilizar este estilo relacional para intentar la aventura sexual. Los minúsculos desgarros cotidianos han construido en su alma una representación de sí mismo que sería algo así como: «Ya veo que te decepciono... No estoy a la altura de tus sueños... Es normal que me desprecies...». El niño se mira en la mirada de su figura de apego, que le remite una imagen de desdén.[6] Los hermanos, los compañeros de escuela, los enseñantes, cualquier persona significativa para él tienen el poder de hacerle interiorizar una imagen desvalorizada de sí mismo. Ser rechazado o despreciado por alguien cuyo afecto esperabas es una herida traumática. Esta agresión menos flagrante que una violación o que una escena de horror es mucho más traumatizante, ya que, como es poco consciente, resulta más difícil de analizar y nos protegemos menos de ella.

Marcel fue adoptado cuando tenía diez años, tras unos primeros años de infancia difíciles. Su madre adoptiva, henchida de amor, soñaba con ser una buena madre que haría feliz al niño.

Gracias a ella, se arrojaría en sus brazos como cualquier niño feliz y, gracias a ella, trabajaría bien en la escuela y colmaría constantemente de alegría su hogar. Haría todo lo posible por lograrlo. La realidad fue diferente. Marcel, que había sido maltratado y había estado mucho tiempo aislado, no sabía amar. Tenía miedo de aquello que más necesitaba: el afecto. Cuando su madre adoptiva se arrojaba sobre él para abrazarle alegremente, esperando una respuesta tierna de su parte, asustaba al niño, que se ponía tenso y pensaba: «No merezco todo esto. Cuanto más me abraza, más torpe me siento. No sé cómo responder. Cuanto más amable es ella, peor me siento yo». Un malentendido afectivo marcaba su relación. Cuando ella le colmaba de amor, el niño se sentía avergonzado de no saber reaccionar. Cuando la rechazaba con una actitud fría, ella se sentía decepcionada por ese niño que se comportaba «como un pequeño anciano». La madre decidió vengarse poniéndole el sobrenombre de «Cabezota». El niño aceptó el mote insultante que confirmaba lo que él sentía de sí mismo. De modo que muy pronto se estableció entre ellos una complicidad verbal refleja: la madre decía: «Cabezota, ve a buscar mis cigarrillos». Y el niño respondía inmediatamente: «Sí, mamá». Y todo el mundo reía, excepto ellos dos, que expresaban mediante este sainete la distorsión del vínculo de su intersubjetividad. Al responder a esta representación de sí mismo ante la mirada de una madre decepcionada, el niño aprendió a comportarse como se comportan los zoquetes. Evitaba todo contacto, apartaba la vista, se mantenía apartado, balbuceaba en voz baja respuestas confusas, mostraba una sonrisa crispada para enmascarar su cólera y desarmar a la desdeñosa.

Un trastorno del funcionamiento familiar puede incorporarse, por tanto, de manera inconsciente en la creación de los hábitos educativos. Frases que el padre considera banales o a veces irónicas pueden tener un impacto en la memoria de un niño sensible y herirle. Como aquel niño al que su madre llamaba siempre «Píldora» para bromear con los adultos dando a entender con ello que el niño debía su existencia simplemente al hecho de haber olvidado tomar el anticonceptivo. O como la niña patosa a quien su distinguida madre explicaba que su vida sería un fracaso si no aprendía a hacer bonitos gestos femeninos: «Valérie-Anne, hijita, tienes que saber que tu capital está en tus bragas. Tu poca soltura te alejará de los salones». Estas frases repetidas a diario agravaban insidiosamente la anulación del niño y la falta de gracia de la niña.

Un mundo donde todo da vergüenza

Todo grupo humano se organiza para provocar vergüenza a los que no pertenecen a su cultura. Los ritos de iniciación permiten reconocerse entre iniciados: los que saben presentarse, hacer un besamanos, armonizar su conversación con las personas del grupo de pertenencia, adoptar su código de buenas maneras o sus tics verbales, inmediatamente hacen saber que pertenecen al mismo grupo. Una sonrisa condescendiente, una cortesía almibarada permiten rebajar al que no domina estos códigos. Los no iniciados, que no pertenecen al grupo, se sienten excluidos, al margen de esa intimidad. Palurdos y balbuceantes, se les ha colocado en una situación de vergüenza.

La disolución del vínculo se convierte en la solución, pero es desafortunada. Nos sentimos menos avergonzados cuando evitamos la relación que rebaja, pero nos apartamos de aquellos cuya estima y afecto esperábamos. La aceptación cuando «se es insensible al oprobio» disminuye el malestar diluyendo la relación. La sumisión, en este caso, es tranquilizante.

El vino de Noah era realmente muy bueno. El problema es que, después de haber bebido dos vasos, no podías levantarte de la silla. De modo que fue prohibido. Cuando visité la última viña en compañía del propietario, me sorprendió la actitud de los viñadores: dispuestos en fila, junto a la cuba, se habían quitado la gorra que hacían girar entre las manos detrás de la espalda. Tenían la vista baja y murmuraban: «Buenos días, patrón». El patrón se dirigía educadamente a sus trabajadores, que se contentaban con esa mínima relación. Cualquier otra frase, cualquier otra actitud les habría causado angustia. Aceptaban el dominio del patrón. La sumisión les permitía soportar la vergüenza aceptando su condición de hombres inferiores, como si esta representación de uno mismo rebajado constituyera una enfermedad infantil de la individualidad.[7] «Soy pequeño. Es normal ser inferior.»

En cada etapa de la constitución del yo, una nueva causa puede provocar esta mancha del alma que llamamos «vergüenza». La aptitud genética para la hipersensibilidad se oculta bajo el impacto de los determinantes externos. Al empobrecimiento del vínculo cuando éramos bebés, al desgarro del envoltorio sensorial que nos rodeaba y que ya no logra darnos seguridad, se añade con mucha frecuencia un trauma tardío, una «vergüenza-humillación»[8] flagrante o insidiosa que, al proceder de alguien próximo, posee un gran poder de dilaceración. Cuando el trauma, procedente del exterior, se produce en una etapa sensible del desarrollo del individuo, imprime en la memoria una zona ulcerada, dolorosa y silenciosa, que crea aptitudes emocionales y conductuales.[9] Puesto que se trata de una transacción entre lo que uno es en el fondo de sí mismo y lo que es en el entorno en el momento del impacto, el trauma puede proceder igualmente del interior. Cuando el ideal de un yo grandioso está disociado de su despreciable realización, se produce un desgarro íntimo que provoca el mismo sentimiento de rebajamiento y la misma expresión conductual. Si nos despreciamos a nosotros mismos, pensamos que es lógico que el otro nos desprecie, cuando muchas veces ni lo piensa. Cualquiera que sea el origen del impacto que provoca el desgarro, se trata de una «conmoción psíquica»,[10] un hundimiento narcisista («ya no valgo nada»), una pérdida del sentimiento de invulnerabilidad («todo me hiere»), una aniquilación del sentimiento de sí mismo («ya no me atrevo a afirmarme»). Se hace imposible mantener cualquier relación, únicamente la retirada apacigua y desespera. Desde el momento en que una conmoción así, espectacular o insidiosa, ha desgarrado la estima de sí mismo, el avergonzado percibe agudamente todos los gestos, palabras y situaciones que confirman su *a priori* emocional. Se ha vuelto hipersensible a todo lo que le causa vergüenza. Sus «fragmentos elegidos de realidad confirman su sensación de traumatismo».[11] En un mundo así, todo da vergüenza.

Y, sin embargo, Régine de Saint-Christophe era de buena cuna. Desde hacía siglos, sus antepasados vivían en un pequeño castillo cerca de Montpellier. En los últimos tiempos, la casa y las tierras ya no producían ganancias suficientes para vivir. El padre transformó el hermoso parque en un camping y la madre embotó su pena entre las brumas de un alcoholismo discreto. La niña fue confiada a una nodriza que agradaba a los padres y maltrataba a la pequeña. La vestía con andrajos, la ataba a la silla y solo le daba de comer en la pocilga de los cerdos, tras pedirle que se quitara los zapatos para que chapoteara entre el lodo y los excrementos. La niña no iba a la escuela y pasaba los días sola, atada a una silla, en compañía de los cerdos. La nodriza únicamente se acercaba a ella para golpearla e insultarla. Al padre, desbordado, siempre en pantalón corto y con la paleta en la mano para mantener el camping, y a la madre, siempre perdida entre las brumas, les tranquilizaban las buenas noticias que les daba la amable nodriza. A los catorce años, Regina fue violada por cuatro trabajadores agrícolas y ni siquiera se le ocurrió denunciarlo. A los diecisiete años, tras un intento de suicidio, descubrió por primera vez, en el hospital, la atención de los médicos y la amabilidad de las enfermeras. Fue desviada a un centro de ayuda para el trabajo y, como era guapa, muy pronto tuvo dos hijos que no supo criar.

Cuando la traté, me impresionó su belleza, su inteligencia, su facilidad para verbalizar y su vergüenza, su vergüenza, su vergüenza. Me explicaba que al comienzo de su historia había un castillo, un papá amable al que adoraba y una madre viva y presente. Soñaba con que un día, cuando fuera mayor, tendría una vida romántica, viviría en un castillo, se casaría vestida de blanco con un marido valiente que agradaría a sus padres, tendría muchos hijos, muchos amigos, muchos animales y muchas fiestas. ¡La felicidad!

La felicidad se rompió cuando tenía cinco años, el día en que su padre montó el camping, cuando su madre empezó a beber y la nodriza comenzó la demolición de su pequeña personalidad. El inmenso desgarro entre sus sueños de niña romántica y el horror de la vida diaria creó en ella un sentimiento de vergüenza que impedía cualquier intento de resiliencia. Olvidaba sus citas conmigo porque percibía que nuestra manera de reflexionar en común le aportaba un bienestar angustioso que no merecía, según sus palabras. Creía que no valía la pena aprender un oficio y se sentía aliviada cuando renunciaba a ello. Esta renuncia le permitía evitar la vergüenza de tener que escuchar sus malas notas pronunciadas en voz alta delante de los alumnos burlones. «Todo el mundo se ríe de mí», murmuraba. Cuando nació su hijo, el bebé era tan mono que las comadronas casi estaban orgullosas de enseñárselo a su madre, que inmediatamente pensó: «¡Es guapo! Es tan guapo que no es posible, se han debido de equivocar de bebé». El niño se desarrolló bien, pero de una manera curiosa. A los cinco años empezó a tratar maternalmente a su madre, cuya vulnerabilidad percibía. No le iba mal en la escuela, tenía algunos amigos y, cuando a los dieciséis años presentó su primera «novia» a su madre, esta pensó: «Le aman, es increíble», como si la felicidad, impensable para ella, lo fuera también para sus hijos. ¿Acaso el avergonzado proyecta sobre sus seres queridos una parte de su veneno íntimo?

Esta representación desvalorizada de sí mismo altera uno de los dos polos de la intersubjetividad, y esto la modifica por completo. Se crea una curiosa pasarela entre el mundo mental de una madre que no sabe ser feliz y el de un hijo que teje un vínculo con esta madre que se rebaja. El niño desarrolla una madurez precoz, porque la pasarela intersubjetiva le cede todo el sitio. El traumatismo desestructurante que hundió a su madre se convirtió para él en un traumatismo estructurante.[12]

¿VERGÜENZA O CULPABILIDAD?

Cuando, más tarde, el adolescente tenga necesidad de autonomía, habrá que modificar ese curioso equilibrio, y será doloroso para ambas partes. La madre percibirá este viraje como un abandono desolador y merecido, mientras que el hijo vivirá con culpabilidad su legítima liberación. Cualquier cosa —una palabra, una sonrisa, un fruncimiento del ceño— puede hacer que esas experiencias de maduración se vuelvan desgarradoras.

¡Sin experiencias no hay identidad! Un adolescente se afirma en su identidad narrativa cuando se acuerda de las pruebas que ha superado y de los fracasos que también forman parte de él. Las pruebas le proporcionan la muestra de lo que es. En caso de desgarro traumático, no es capaz de decidir, ya que la agitación le impide pensar. En esta evolución hay un momento de equilibrio inestable, en el que la maduración limita con el hundimiento. Cuando la vida retoma su curso después de una agonía psíquica, se puede hablar de resiliencia, pero cuando «el continente no está suturado»,[13] queda una herida oculta, indecible y, sin embargo, organizadora muda de la nueva personalidad. Cuanto más mortificada, críptica y no elaborada se mantenga esta zona, más actúa sin decir palabra y frena el proceso resiliente. La «cripta vergonzante»,[14] oculta en el mundo íntimo, actúa según las circunstancias, pero envenena diariamente el vínculo intersubjetivo.

La vergüenza no va asociada forzosamente a la culpabilidad. La primera, colmada de amargura, llena el mundo de la depreciación, mientras que la segunda, en el mundo de la culpa, está colmada de sufrimientos. Estos mundos diversos organizan estilos relacionales distintos. El sentimiento de haber hecho daño provoca estrategias de redención, de expiación o de autopunición, mientras que el sentimiento de ser rebajado organiza relaciones de evitación, de ocultamiento y de rabia desesperada. Cuando tratamos a una persona que se siente culpable, percibimos su amabilidad abatida, escuchamos sus palabras, observamos sus comportamientos de mortificación redentora, nos angustiamos a veces por su deseo de sacrificio. En cambio, cuando tratamos a un avergonzado, vemos que nos rehúye, que evita que nuestras miradas se crucen, que nos oculta algo, que nos tiene miedo y nos reprocha que lo asustemos.

El culpable se muestra hostil consigo mismo, puesto que cree haber cometido una falta que le ha hecho perder el objeto de su amor: «Es espantoso lo que he hecho —dice el culpable arañándose el rostro—. Va a dejarme, es culpa mía, lo siento, lo siento». El avergonzado más bien dice: «Me siento rebajado, inútil a sus ojos, la evito para sufrir menos y me duele que me desprecie».

«El tema de la vergüenza ha suscitado menos reflexión por parte de los psicoanalistas que la cuestión de la culpabilidad.»[15] Sin embargo, el joven Freud supo lo que era la vergüenza cuando su tío Joseph, acusado de traficar con moneda falsa, «fue portada» de los diarios de Viena y, sobre todo, cuando su padre se dejó humillar: «Cuando era joven (cuenta el padre), salí a la calle un sábado, bien vestido con un gorro de piel completamente nuevo. Se me acercó un cristiano y con un golpe arrojó el gorro al barro gritando: "¡Judío, baja de la acera!". "¿Qué hiciste?", pregunta el niño. "Recogí mi gorro"». Desde entonces, el joven Sigmund «comienza a elaborar fantasías de revancha. Se identifica con Aníbal, ese semita magnífico e intrépido que juró vengar a Cartago a pesar del poder de Roma... El niño dio pruebas de independencia intelectual, de dominio de sí y de valor físico...».[16] El muchacho había sentido vergüenza, porque la estafa de un allegado y la cobardía del padre se habían expuesto a los ojos de todos, en los diarios de Viena y en el escenario público. Lo que sería reparador era la revancha y no el autocastigo.

Un psicoanalista discreto, precursor de las teorías del apego, Imre Hermann, fue el primero que trabajó en el desarrollo de ese sentimiento tóxico, explicando que la vergüenza surge cuando el niño «pierde el contacto con su madre, objeto de aferramiento».[17] Este psicoanalista húngaro, precursor de los experimentos de Harlow con los monos macacos[18] y de la teoría del apego de John Bowlby,[19] diría hoy que un ser vivo (animal o humano) que necesita una base de seguridad materna para continuar su desarrollo pierde su confianza primitiva, se siente menospreciado, cuando esta base falla o es alterada. Siguiendo una concepción psicoanalítica más clásica, Serge Tisseron habla de «fallo de las paraexcitaciones del objeto materno»,[20] y Vincent de Gaulejac añade una originalidad: el trabajo de los relatos y la modificación de las representaciones del grupo ofrecen una esperanza, una posibilidad de liberarse de la vergüenza.[21]

Todos estos analistas tienen percepciones diferentes que aclaran, sin embargo, un mismo dato: el penoso sentimiento de vergüenza que se siente en el cuerpo procede de raíces distintas:

La vergüenza corporal: «Estoy sucio, huelo mal» es atribuible a una susceptibilidad individual frente al otro.

La vergüenza por depreciación: «Mirad quién soy, cómo queréis que me deseen... Valgo menos que los otros, soy insignificante, os decepciono, me decepciono... Me siento humillado en la escuela y despreciable en la sociedad».

La vergüenza es, sin embargo, un elemento de la moral y de su decadencia: «He sido innoble... he dejado actuar sin intervenir». Esta vergüenza ontológica explica por qué se puede tener vergüenza de dominar a los otros: «Ven —dijo un estudiante—, vamos a sentarnos...» «Roja de vergüenza, murmuré que ciertamente iba a sentarme, pero no a su lado»,[22] responde la profesora universitaria. Es tan joven que el estudiante la toma por una alumna. Al ser rebajada involuntariamente, la enseñante siente que está en el lado de los innobles, de los que dominan y a veces humillan. Entonces siente vergüenza.

No es el fracaso lo que provoca la vergüenza, es el sentimiento de fracaso, que no es lo mismo. Se puede fracasar sin vergüenza y sentirse liberado de no tener que volver a intentar una aventura que nos causaba angustia. Y a la inversa, tras mil éxitos, se puede fracasar cerca ya de la cumbre y sentirse «un mierda» por no haber podido acceder a la supremacía. Algunos niños incluso sienten vergüenza cuando un payaso se rebaja para hacerles reír. Todo ser humano es decididamente moral, siente vergüenza con facilidad.

LILIPUT, ESTRELLA DE LA VERGÜENZA

Cualquiera que sea la situación que provoca vergüenza siempre hay un guión de imágenes y de palabras que escenifica un punto sensible de nuestra historia íntima. En el momento del golpe, podemos sentirnos humillados porque el otro nos impone su fuerza o su relación de dominio. Pero más tarde, cuando reflexionamos sobre ello y la vergüenza provoca el sonrojo del alma, ese sentimiento tóxico da fe de nuestro intento de pensar el trauma, de representárnoslo y de intentar superarlo.[23] Cuando el fracaso nos despersonaliza, no sentimos vergüenza, hemos fracasado, nada más. Luego, la vida mental retorna a nosotros y nos ofrece una representación degradada de nosotros mismos.[24] ¿Cómo comprender que se nos ha expulsado de la condición humana, que hemos tenido el corazón roto, que hemos sido menos que los demás, rebajados, envilecidos, desposeídos de toda libertad, y que vuestra ayuda incluso nos rebaja porque cobra el significado de una condescendencia? Este sentimiento de haberse convertido en menos que los otros, y sujeto pese a todo, adopta a menudo la forma de «fantasías liliputienses».[25]

Muchos huérfanos se extrañan de esos sueños recurrentes en los que casi todas las noches se repite el mismo guión: el niño no se ve en su película interior, pero sabe que se trata de él, minúsculo, amenazado por enormes bolas que ruedan hacia él mientras van aumentando de volumen. Intenta huir, pero no puede esconderse, ya que está en una caja vacía por donde ruedan las bolas. No puede evitarlas ni detenerlas, es demasiado pequeño frente a esas bolas que se van agrandando hasta que, justo en el momento en que está a punto de ser aplastado, la angustia le despierta.

Ese sueño de Liliput da forma al modo como el pequeño huérfano se siente en el mundo: solo, muy pequeño, aplastado por objetos sin rostro. Una situación de orfandad, un accidente de la vida le ha privado de la base de seguridad. Sin una alteridad fortalecedora, el niño se siente minúsculo, sin defensas, menos que los otros que tienen una mamá. Brutalmente privado de figuras de apego, Liliput se siente aplastado por cualquier relación.

La separación, la ruptura con sus bases de seguridad no siempre es tan clara como en el caso de la orfandad, pero el principio sigue siendo el mismo. Una separación precoz porque la madre está enferma, porque la miseria la obliga a aceptar cualquier trabajo lejos de su hijo, porque su depresión, al reducir toda expresión de sí, palabras, sonrisas, canciones, juegos y movimientos, empobrece el nicho sensorial que tendría que haber estimulado al niño, todas estas causas diferentes alteran la base de seguridad y constituyen desgarros traumáticos insidiosos.[26] El pequeño, mal estimulado, pierde confianza en sí mismo y se siente aplastado por cualquier relación. La representación que se hace de sí, construida gradualmente a lo largo de sus experiencias relacionales precoces, le lleva a esperar de los otros un tipo de relaciones aplastantes.[27] Cuando las figuras de apego han desaparecido a causa de una desgracia, el medio empobrecido del niño impregna en su memoria una representación mermada de sí mismo. Rebajado, liliputiense, percibe cualquier confrontación como un intento de aplastamiento. Siente por los demás una mezcla de miedo y de cólera, y por él mismo una mezcla de vergüenza y de desprecio.

La vergüenza adquirida es distinta de los celos. Al avergonzado le gustaría ser como todo el mundo o, más bien, sentirse como todo el mundo. Pero un accidente de la vida o un medio empobrecido le han privado de esta posibilidad. La idea que se hace de sí mismo se parece más a un espejo de la pérdida que a una injusticia: «He perdido lo que debería haber sido, no me lo han quitado los otros. Simplemente, son más grandes que yo». Cuando un melancólico se mira en un espejo, no ve nada porque se siente vacío. El avergonzado, por su parte, se siente menos que los demás, se ve desnudo cuando los otros van vestidos, mal vestido cuando van elegantes. De modo que evita la confrontación de la que saldría perdedor y observa con el rabillo del ojo a los gigantes que lo dominan. Para cubrir las apariencias, fuerza una sonrisa, balbucea una frase o ataca a quienes le desprecian sin querer. Estar avergonzado significa introducir amargura en la relación. El que se siente rebajado suscita un malestar contagioso, ya que priva al compañero del placer de una relación recíproca.

Se decía que Georges era la «mano derecha del jefe». Ese joven estudiante de arquitectura acababa de obtener un trabajo de delineante en un despacho donde aprendía el oficio. Ganaba suficiente dinero para comprarse un coche que le infundía la audacia necesaria para cortejar a las chicas. Georges hacía lo que a Benjamin le habría gustado hacer. Era lo que Benjamin habría querido ser. Su desarrollo imperturbable se convertía para Benjamin en una revelación de su propio ser fallido. Sufría por el fracaso de una aventura que habría querido intentar, pero de la que no se sentía capaz. Se sentía aplastado por Georges, que habría preferido competir con él en fanfarronadas.

La disposición de Benjamin a sentirse avergonzado la había adquirido mucho antes de su encuentro con la «mano derecha». Un desgarro afectivo precoz y duradero le había hecho perder la confianza en sí mismo desde hacía mucho tiempo. Las circunstancias de su existencia le habían debilitado mucho y habían depositado en su alma una representación de sí de poco valor.[28]

La vergüenza puede durar dos horas o veinte años

La vergüenza puede durar dos horas o veinte años, se convierte en trauma cuando el sujeto se siente «refractado por la mirada del otro».[29] «Cuando me examina, me penetra. Pierdo la dignidad ante su mirada. ¿Con qué derecho me fuerza de este modo?» Estas pseudorrazones no son más que formas verbales que se dan a una sensación. Cuando una persona se encuentra sentada en una cena al lado de su psicoanalista, piensa: «Le he dado la posibilidad de penetrar en mi alma. He trabajado con él lo que intento ocultar. Le he permitido saberlo todo de mí, de modo que, cuando entre amigos represento un papel que me favorece, sé que él me atraviesa y destruye mi máscara relacional. Me siento mal en su presencia. Me avergüenzo de mí porque sé que él sabe. Pienso que piensa que no estoy tan bien como pretendo hacer creer».

El problema es que se puede sentir vergüenza sin motivo para sentir vergüenza: «Me muero de vergüenza por cualquier cosa, y no he hecho nada para merecerla». Los que piensan así han inscrito en sus memorias desgarros insidiosos, cotidianos, apenas conscientes, que han acabado por deteriorar su autoestima, como el niño apodado Píldora o el otro al que llamaban Cabezota, simplemente para hacer reír a los adultos. Cuando nuestra alma es prisionera de una infelicidad invisible, cuando nos sentimos desgarrados por microtraumatismos imperceptibles, todas las defensas, hasta las más ilógicas, invaden nuestro inconsciente. Gracias al rechazo, conseguimos sufrir menos por una culpabilidad torturadora, pero nos creamos nuestra propia infelicidad, ya que a veces nos castigamos para expiar no se sabe qué. La vergüenza provoca un malestar consciente que envenena todos los gestos de todos los días: «Vergüenza de ir a la peluquería», dice el niño abandonado que tarda mucho en confesar: «Me da vergüenza que se ocupen de mí, no lo merezco». Vergüenza de establecer una relación de amistad: «Si por desgracia llegamos a ser íntimos, él (ella) descubrirá mi mediocridad. Paso el tiempo aterrorizándome o cubriéndome con una máscara de orgullo. Y la intensa intimidad de la relación sexual desencadena en mí un terror indecible… Huyo de las mujeres que me atraen».

Algunas jóvenes, avergonzadas del pecho que les está naciendo, lo ocultan bajo grandes jerséis. Y algunos hombres, avergonzados de sus erecciones, se esfuerzan por evitarlas por temor al ridículo.

Esta triste renuncia al placer de vivir es, para ellos, menos penosa que la humillación de una relación fallida o de un sueño abortado. Cuando finalmente se liberan de la vergüenza, ¡les da vergüenza haber tenido vergüenza! ¡Triste consuelo!

El malestar no siempre está provocado por un hundimiento traumático. Las pequeñas vergüenzas de la vida diaria prueban que, en algunas situaciones intersubjetivas, la autoestima puede recibir golpes. Esas pequeñas manchas revelan el desarrollo de la empatía, el respeto a las representaciones del otro, punto de partida de la moral: «¿Qué pensará de mí?». Las pequeñas culpabilidades también tienen una función moral: «Siento haberle herido. Trataré de rehabilitarme». No es posible permitírselo todo cuando se tiene en cuenta el mundo de los demás. Sin vergüenza y sin culpabilidad, nuestras relaciones serían tan solo violencia. Una pizca de vergüenza, una sospecha de culpabilidad nos permiten coexistir en el respeto mutuo y aceptar las prohibiciones que estructuran la socialización.

Esta anulación de uno mismo para respetar más al otro convierte la vergüenza en un poderoso medio de control social. Uno nunca está solo en la vergüenza, porque siempre sufre por la idea que se harán de él bajo la mirada de otro. Esta intersubjetividad muda o mal verbalizada explica el trasvase de sentimientos. Aunque el otro esté ausente en la realidad, se mantiene presente en la representación: «Mi padre estaría orgulloso de mí», pero también puede pensar: «Si mi madre supiera lo que he hecho, se moriría de vergüenza». Ya se trate de vergüenza o de culpabilidad, nuestra disposición a la moral nos somete a un tribunal imaginario.

La historia que se proyecta en nuestro cine interior se carga de vergüenza o de orgullo según el valor que le atribuye la cultura que nos rodea. Me han impresionado el valor y la autenticidad de los jóvenes alemanes que tratan de comprender lo que ocurrió en su país durante la Segunda Guerra Mundial. Se interesan por la cuestión, publican testimonios, participan en debates y financian museos que visitan los escolares.

El discurso familiar es, no obstante, más difícil que el discurso público. Los jóvenes alemanes reconocen que su país es el causante de una de las mayores catástrofes de la historia. Tratan de comprender la tragedia con gran honestidad, pero en el seno de las familias este valeroso trabajo se transforma a veces en acusación a los padres o a los abuelos, y resulta doloroso.

Un día, en Damasco, me invitaron a pasar una velada en una hermosa mansión siria, donde nuestra rubia anfitriona nos servía vino mientras nos explicaba cuán orgullosa estaba del nazismo de su padre. En las escuelas de Buenos Aires no es raro que los hijos de supervivientes judíos cuyos padres tuvieron que huir de Alemania se sienten junto a los hijos de nazis cuyos padres huyeron del mismo país unos años más tarde. Estos jóvenes tienen que afrontar el peso de su pasado. Es como si pensaran: «Este padre que forma parte de mí cometió actos considerados vergonzosos o gloriosos según lo que dicen los que nos rodean. Vivimos nuestro pasado con vergüenza o con orgullo según las representaciones culturales. No es el hecho el que es honroso por sí mismo, es la manera de convertirlo en un relato». Un hecho glorificado por la cultura hace que el niño se sienta orgulloso de su historia, mientras que el mismo episodio descalificado por los relatos cercanos lo convierte en vergonzoso. Los gitanos no se avergüenzan de ser un pueblo nómada. Incluso están orgullosos de su organización principesca y de su código moral que no afecta a los payos, los no gitanos. Muchos inmigrantes que durmieron en el suelo antes de integrarse, muchos estudiantes que fueron traperos para pagarse los estudios sentían vergüenza en la época en que, mal socializados, se les calificaba de sucios e incultos. Unos años más tarde, tras haber ocupado una plaza valorada por la sociedad, les causaba orgullo oír que los consideraban valientes por haber superado esas pruebas.[30] El hecho que había cambiado de significado en el discurso de los demás metamorfoseaba la imagen que se hacían de ellos mismos.

El cine interior de nuestro «abyector» de conciencia

El sentimiento de vergüenza o de orgullo resulta de la interacción entre los dos relatos: el relato de sí mismo dialoga con el relato que los otros hacen de nosotros mismos. No es necesario que los relatos próximos sean enunciados para hacernos callar. Una frase aquí, un silencio allá, una película, unas carcajadas estructuran el entorno donde la herida cobra sentido. En un envoltorio verbal así se puede muy bien «morir por decir»[31] y sufrir por no decir.

Muchos hombres se encuentran atrapados entre la intensidad de sus deseos sexuales y su miedo a las mujeres. Los inmigrantes solitarios o los hombres desocializados no están orgullosos de lo que son ni del país del que provienen. Trabajan como animales, no aprenden a hablar, ni a vestirse, ni a aculturarse y, sin embargo, sienten deseos y no tienen medios para manifestarlos. ¡Están las putas! Avergonzados de lo que son, de no saber expresar su sexualidad, ni siquiera se atreven a requerir a las prostitutas. Se morirían de vergüenza si les sorprendieran en el momento de mendigar la cita que van a pagar. Las profesionales les llaman «palomos», porque se dejan desplumar sin osar enfrentarse a la «desplumadora».

Los grandes ojos negros y las largas pestañas curvadas como si las hubiera maquillado le daban a Enzo un aspecto algo afeminado. Estudiante brillante, trabajaba mucho, solo en su pequeña habitación de un suburbio marsellés. Por la noche, se ponía una camiseta, su «marcel» como la llamaba, se cubría con un gorro blanco y bajaba a la pizzería vecina a hornear pizzas. Se pasó toda la juventud estudiando de día y horneando pizzas de noche. Sin amigos, sin una pandilla bromista donde los chicos se dan ánimos para cortejar a las chicas. Esta estrategia de joven estudioso le permitió no desvelar su enorme timidez. Con la llegada del deseo sexual, su sentimiento de incapacidad relacional se agravó. Enzo no sabía qué hacer. La solución la encontró en la calle, junto a la pizzería donde algunas chicas hacían la carrera. Su primera cita, sórdida, le llenó de desesperación: «De modo que era esto...», es para llorar. Imposible explicarlo, y además, ¿a quién? A sus padres: ¡qué vergüenza! A sus compañeros de la facultad: ¡qué humillación! ¡Imposible! Se las arregló para no pensar demasiado, hasta que el deseo se apoderó de nuevo de él. La vergüenza se instalaba en su alma y le aprisionaba. El buen estudiante tímido de día, el pizzero tranquilo de noche, construía una cripta de vergüenza en la calle de al lado. Se asentó en su alma un tribunal imaginario.

La expresión física de su vergüenza adoptaba una máscara curiosa. Un niño avergonzado se oculta detrás de sus manos o se refugia debajo de la mesa. Un adolescente enrojece, evita la mirada y balbucea a causa de su malestar. En cambio, Enzo estudiaba todavía más, trabajaba sin decir palabra y encerraba su vergüenza en una cripta inexpresiva.[32] Se habría muerto de vergüenza si alguien la hubiera abierto, exponiendo a los ojos de todos una sexualidad miserable, un acto genital, un simple intercambio comercial.

Hay hombres que empezaron con prostitutas, como un juego sin importancia. Pensaban que un acto sexual no es más que un simple tráfico, que el mundo mental de una mujer que comercia con su vagina no tiene importancia, es su problema. Al fin y al cabo, es ella la que ha decidido ganarse la vida de ese modo. En cuanto al mundo mental de los testimonios, ¡puede ser incluso un motivo de orgullo! Claude B. cuenta con orgullo cómo su padre, a una edad avanzada, hacía que le subieran a la habitación una botella de champán y una prostituta. Desde luego, él no tenía ningún tribunal interior. Al contrario, ese acto le parecía admirable, porque revelaba el vigor sexual de su anciano padre. La vergüenza no está en el hecho, sino que tiene su origen en los discursos íntimos que juzgan tal hecho.

Todo el mundo participa en la vergüenza

El detractor íntimo, ese «abyector» de conciencia que mortifica al avergonzado, proviene siempre de un hundimiento de la autoestima. Pero las causas pueden ser de origen distinto:

Causas sociales externas: pueblo derrotado en una guerra, deculturación, miseria.

Causas culturales externas: mitos o prejuicios que degradan al avergonzado como si fuera un intocable que contamina el agua, un judío que roba a todo el mundo, un árabe pérfido que clava un cuchillo en la espalda de sus amigos, un negro retrasado que juega al fútbol o un gitano ladrón de gallinas.

Estas causas externas degradantes solo pueden convertirle en avergonzado si las interioriza y les da importancia.

Las causas externas familiares son más eficaces porque poseen el poder de afectar: padre aplastante, madre despreciativa.

Fratría en la que el éxito de uno humilla a los que no triunfan.

Padres transmisores de vergüenza, padre con un relato atravesado por la guerra,[33] madre que calla cuando se habla de su familia de origen.

Causas interiorizadas: «Lo esperamos todo de ti. Tienes que maravillarnos. Estás tan dotado que tienes que llegar a la cima». Cuando el niño no llega a la altura de sus sueños, que más bien son los sueños de sus padres, el desgarro traumático es intrapsíquico y el adolescente, envenenado por la vergüenza de no ser más que el segundo cuando soñaba con ser el primero, padece el desmoronamiento de su grandiosidad.[34]

3

Vergüenza injusta

¿Se puede expresar en cifras la vergüenza?

Los hechos sexuales revelan tan bien nuestro mundo íntimo que es difícil abordarlos de una manera distanciada. De modo que para tratarlos sosegadamente exponemos dos estereotipos que nos permiten no descubrir quiénes somos. Algunos dicen: «Uno no se recupera nunca de un trauma sexual, es peor que la deportación». En cambio, a otros les gusta pensar que «no es tan grave como podría pensarse» y que las mujeres exageran, quieren culpabilizar a los hombres y cubrir así con una máscara moral su propia agresividad.

Entre estos dos estereotipos opuestos, las encuestas psicológicas obtienen cifras variables. En conjunto, «entre el 20 y el 40 por ciento de las víctimas de abusos sexuales no presentan secuelas nocivas».[1] Si nos contentamos con este dato, inmediatamente creeremos que casi una de cada dos mujeres se recupera sola de una violación, y que con el tiempo se olvida. Pero si añadimos una encuesta psicológica a estas cifras, descubrimos que el tiempo ha proporcionado al entorno la posibilidad de aplicar las dos palabras claves de la resiliencia: el apoyo y el sentido.

La violencia sexual provoca en las víctimas tal sentimiento de vergüenza y de cólera, y a veces en la cultura un placer abyecto, que esta reacción emocional explica la imprecisión de las cifras. Algunas encuestas sostienen que el 10 por ciento del total de las mujeres han sufrido una agresión y que solo el 10 por ciento han presentado una denuncia. Pero basta que el encuestador considere que un gesto fuera de lugar, una palabra burlona o una mirada insistente constituyen un acoso sexual para que la cifra ascienda ¡hasta un 60 por ciento! Incluso la tasa de reincidencia es imprecisa. El número de hombres encarcelados y de agresiones contabilizadas debería constituir una referencia fiable; sin embargo, las evaluaciones oscilan ¡entre un 1,6 y un 30 por ciento![2] En este abanico de cifras, algunas parecen menos imprecisas: los agresores de niños son los que más reinciden.[3] En cuanto al porcentaje de resiliencia, de recuperación del desarrollo después de un traumatismo, resulta todavía más difícil de evaluar, puesto que algunos observadores necesitan pensar que una violación es el crimen por excelencia, mientras que otros creen que se le da demasiada importancia.

No obstante, si se unen las encuestas de población a las entrevistas psicológicas, es posible saber de qué estamos hablando. La clínica proporciona tipos de experiencias trágicas que los psicólogos pueden evaluar cuando ayudan a las víctimas.

En la República de Irlanda, una institución religiosa fue encargada en 1949 de acoger a doscientos cuarenta y siete niños en situación muy difícil. El escándalo estalló cuando, al llegar a la adolescencia, se descubrió que casi todos habían sido violados regularmente. Se les trató, se les hicieron test y entrevistas para ayudarles de la mejor manera y, cincuenta años más tarde, se quiso saber qué había pasado con ellos. Los progresos de la biología, los test de apego y las referencias sociológicas permitieron evaluar criterios fiables.[4] Disponemos, por tanto, de dos resultados: exámenes, test y entrevistas en la época en que los agredidos eran niños y una comparación con los mismos, con más de sesenta años de edad. Tenemos además el relato de sus vidas, la representación narrativa de la fractura sufrida y de la lucha por intentar superarla.

Cuando se descubrió el escándalo, el 83 por ciento de los niños de ese grupo estaban muy alterados, algo que no debe sorprender a nadie: retraso en el desarrollo físico y mental, ansiedad, drogas y trastornos de la personalidad. La evaluación de los apegos, cincuenta años más tarde, dio como resultado un 45 por ciento de adultos atemorizados, un 27 por ciento de evitativos paralizados y un 12 por ciento de preocupados ambivalentes. Es decir, más de un 83 por ciento de apegos inseguros, cuando normalmente encontramos un 30 por ciento en el conjunto de la población.

Lo sorprendente fue descubrir que ¡casi un 17 por ciento de esos niños agredidos habían conseguido un apego seguro! Es una cifra muy inferior a la de la población general que se aproxima al 66 por ciento, pero en un contexto semejante cabría esperar un cien por cien de desarrollos catastróficos. ¿Por qué misterio esos niños lograron desarrollarse correctamente, a pesar de la carencia afectiva precoz que había provocado su internamiento en un centro y las repetidas agresiones sexuales que les habían destruido?[5] ¿Cabe hablar de flexibilidad psíquica cuando un psiquismo alterado por una relación desgarradora logra suturarse gracias a otras relaciones?[6]

¿Cómo evaluar los factores de resiliencia?

El problema se plantea en los siguientes términos: una pequeña proporción de esos niños agredidos pudo retomar un desarrollo correcto porque tuvo otras relaciones que les fueron favorables. Si conseguimos descubrir, analizar y aplicar algunas de sus condiciones, podremos activar un número mayor de procesos resilientes.

Se pueden clasificar los factores beneficiosos o funestos en tres ámbitos:

Antes de la agresión: ¿cómo se desarrollaba el niño?
Durante la agresión: ¿acaso las circunstancias del abuso influyen en el futuro del agredido?
Después de la agresión: ¿qué forma ha de adoptar el apoyo familiar y cultural para suturar el desgarro traumático?

Cada uno de estos ámbitos es analizable y evaluable.

Los niños que, antes de ser violentados, mostraban ya determinados rasgos psicopatológicos —fobias, agitación psicomotriz, angustia de separación, apego confuso— no pudieron desarrollar un proceso de resiliencia. Pero también encontramos niños que ya habían adquirido un apego inseguro, distante o ambivalente. Cuando el entorno es estable, estos estilos afectivos no son rasgos patológicos, simplemente son testimonio de la adaptación a una familia concreta. Pero en caso de hundimiento, esas formas de entrar en relación afectiva se convierten en factores de vulnerabilidad.

En la población de niños agredidos que se volvieron resilientes, no había trastornos psicológicos y casi todos habían adquirido un apego seguro que facilitó las relaciones posteriores. Este estilo afectivo les permitió afrontar el trauma con una mayor afirmación de sí mismos.

La estructura de la agresión, es decir, las condiciones en las que se efectuó la violencia sexual, constituyó un poderoso factor de resiliencia o de antirresiliencia.

Cuando la agresión es extrafamiliar, cuando un desconocido fuerza a la presa sexual, la agredida tiende a representarse la violación como si fuera un accidente grave. La atribución de la falta, externa a la víctima, no la cuestiona. Se representa el acontecimiento como una lucha, una humillación, una violencia dolorosa enteramente imputable al agresor.

Pero cuando la agresión procede de una persona cercana, a la violencia hay que añadir la traición. La expresión «abuso sexual» designa correctamente el guión conductual: un adulto (un hombre y a veces una mujer) establece con el niño una relación de apego que crea un sentimiento de seguridad y de bienestar. De forma insidiosa, los gestos de ternura van derivando hacia la violencia sexual. En este caso, la agresión se ha asociado al placer del vínculo afectivo, al placer de recibir un regalo y a veces incluso a un placer sexual. ¡De este modo la presa sexual se ha convertido en cómplice del agresor! Además, cuando se trata de un allegado, la agresión sexual, repetida con frecuencia, se transforma en relación que interioriza en la memoria de la víctima una participación en el acto, una atribución interna de la falta. Este proceso explica la sorprendente frase pronunciada a menudo por las mujeres violadas: «He debido de provocarle sin querer».

Cuando la atribución de la falta es externa, el herido humillado conserva en lo más profundo de su ser cierta autoestima, ya que ha podido rebelarse y buscar aliados.

En el grupo de víctimas culpabilizadas por el agresor es donde encontramos más revictimización: las mujeres que reaccionan de este modo tienen entre un 20 y un 30 por ciento de riesgo de ser nuevamente violadas.[7] A veces una mujer no se acuerda de haber sido violada, cuando el violador ya ha confesado bajo la presión de los testigos. A veces niega, explicando que lo que le ocurrió no tiene importancia, ya que pudo seguir haciendo jogging tras haber sido forzada. Admiramos su resistencia, nos intriga su indiferencia, pero dos años más tarde nos sorprende la aparición de un síndrome psicotraumático que hace que vuelva el horror «como si acabara de ocurrir». La mujer no hace más que pensar en ello, ante sus ojos pasa constantemente la película de la violencia que se ha apoderado de su mundo íntimo e impide cualquier defensa. Con mucha frecuencia cae en una depresión crónica, una especie de embotamiento del placer de vivir que hace que descuide la vigilancia.

Una convergencia de factores heterogéneos explica la degradación del mundo íntimo de las agredidas.[8] La sexualización por efracción, el sentimiento de haber sido traicionada, de haber sido cómplice y humillada por la estigmatización de la mirada de los otros construyen en el mundo íntimo de la agredida una imagen de sí misma desvalorizada: «Como acepté un regalo antes de haber sido violada, esto quiere decir que comercié con mi cuerpo... si puede tomarme de este modo, de paso, significa que soy el juguete del deseo de los otros... no soy capaz de diferenciar el apego de la sexualidad, tengo razón al tener miedo al amor...». Estos estigmas los fijan en su alma las reacciones de los que la rodean. Cuando la familia dice: «No te creo, conozco a tu padre, nunca habría hecho una cosa así», cuando los compañeros de la escuela se excitan ante la representación de una mujer que se toma y se tira, y cuando un estereotipo cultural afirma que una mujer violada es una mujer manchada que deshonra a la familia, todas estas reacciones se unen para sembrar la vergüenza en el alma de la agredida.

Los niños expresan sus sentimientos caóticos mediante reacciones exasperadas de provocaciones sexuales, exhibicionismo y alusiones constantes a una genitalidad sin reservas, mientras que las adolescentes agredidas se proyectan continuamente una imaginería sexual repulsiva y desesperada.

LA NEGACIÓN, UNA LEGÍTIMA DEFENSA ENFERMIZA

El medio más seguro para luchar contra esta representación sexual nauseabunda es evitar pensar en ella. La negación es una estrategia que permite minimizar el impacto emocional de la agresión. Esta estrategia protectora que mejora el *coping*,[9] la manera de afrontar la prueba, da la apariencia de una fuerza mental: «No es nada... ¡hay cosas peores!». Admiramos a los heridos sonrientes, creemos que son invulnerables, cuando en realidad muchas veces esta protección pone en marcha una bomba de efecto retardado, angustia psicológica que explotará más tarde.[10] Si evitan pensar en ello es porque no se sienten con fuerzas suficientes para hablar con tranquilidad. Esta representación de sí misma sucia, forzada por otro, es un signo de minoración, una vergüenza que desocializa impidiendo a la herida ocupar un lugar entre las demás. Se aparta, se sitúa al margen de las relaciones afectivas de la vida cotidiana.

En esta estrategia de denegación, el pensamiento mágico crea momentos de felicidad. Admiramos a esos heridos que, tras la agresión, sonríen soñando, escriben poesías y explican que el mundo visible está gobernado por las fuerzas ocultas que acaban de descubrir. Tienen sus buenos motivos para reaccionar así, al fin y al cabo ¡actúan en legítima defensa! Pero ese refugio en lo imaginario es anticipatorio de angustia, ya que se apartan de la realidad en vez de permitirse simplemente un momento placentero de sueño.

El cantante Corneille, tras el genocidio de Ruanda, se encontró en una situación parecida a la de los niños judíos ocultos durante la Segunda Guerra Mundial. Asistió a la matanza de su familia, consiguió huir a Zaire (actual Congo), se ocultó en Kigali durante tres meses, antes de ser acogido por una familia en Alemania: «Me había salvado. Acababa de escapar de un infierno que es imposible describir con palabras».[11] Teniendo en cuenta que era el único superviviente de toda su familia, le habría dado vergüenza quejarse, de modo que «puso sordina» a ese recuerdo insoportable y se las apañó para no pensar más que en la música. Ese mecanismo de defensa necesario es insuficiente, enquista el dolor que nos desbordaría si permitiéramos que la emoción invadiera nuestro mundo mental, permite arrancar momentos de felicidad y dar una imagen fuerte y sonriente de sí mismo. Pero esta defensa no permite afrontar la realidad de la pérdida, del exilio, de la supervivencia a la pata coja cuando solo se da a compartir el aspecto soportable del mundo mental y se calla la parte dolorosa de la historia. En esta legítima defensa no puede hablarse de resiliencia, porque existe una amputación de la personalidad: «En realidad, yo estaba muerto, ausente de mi historia, ausente de mí mismo», dice el cantante.[12]

El tiempo de negación muchas veces es necesario,[13] porque permite sufrir menos, pero no se puede pasar la vida solamente con una mitad de la personalidad. Llegará un día en que habrá que dejar de negar. Entonces se constata que el curso de la existencia toma un camino diferente. La bomba de efecto retardado es una vía frecuente cuando se ha evitado cualquier toma de conciencia: «Hay que seguir adelante... no sirve de nada darle vueltas al asunto». Si se deja de negar cuando no se ha preparado nada, ni en el sujeto ni en su entorno, la tristeza surge mucho más dolorosa aún. Si no se ha sufrido por la muerte de la familia, se tiene vergüenza de no haber sufrido: «No me importó que murieran. Soy un monstruo». El duelo imposible golpea con más fuerza aún cuando es retrasado: «Tengo que conservar esa impresión de que nací la mañana en que murieron. Ya que hizo falta que murieran incluso en mi memoria para poder vivir yo después... Amnesia caritativa... Haced llorar a los niños que quieren ignorar que sufren».[14]

La negación no atañe al recuerdo de la tragedia, sino al afecto asociado a este recuerdo. Las prostitutas afirman a menudo que su oficio no les hace sufrir. Tienen razón. Se sufre menos cuando el tormento provoca una agonía psíquica: «No tengo alma, ni cuerpo, ni nada que sea mío. No soy más que nada que quiere durar... Todo esto es como la coca, una forma de olvidar».[15] Hasta que fue diputada del Parlamento de Ginebra, Nicole no se atrevió a enfrentarse por fin con su pasado. Pudo escapar del ambiente que la degradaba, pero hasta que no fue capaz de reconstruirse a sí misma no reunió las fuerzas necesarias para militar en Aspasie, una asociación que ayuda a las prostitutas: «Posiblemente necesitaba todo este tiempo para poder mirar nuevamente de frente la prostitución, para considerarla como lo que es: una realidad económica y social, por lo tanto, política».[16] El cantante Corneille dice lo mismo: «... ser suficientemente fuerte y animoso para pedir ayuda y afrontar el pasado, por innoble que sea, sin que os impida vivir el presente y avanzar hacia el futuro».[17]

Pero cuando la diputada se comprometió en la protección de las muchachas llegadas del Este, sus colegas se extrañaron de que quisiera sumergirse de nuevo en un mundo del que había logrado escapar. Era como si su entorno pensase: «Yo, en su lugar, habría seguido callada». Esta mujer salió de la vergüenza para entrar en el orgullo, pero la mirada social habría comprendido mejor que siguiera ocultando su pasado, ¡aunque para reprochárselo de inmediato! Recuperar su historia es tratar de coser de nuevo los jirones de un yo desgarrado. Solo cuando la negación proporcione el tiempo necesario para reforzarse y modificar la mirada de los otros podrá tejerse un proceso de resiliencia, tras años de sufrimientos adormecidos.[18]

Los niños saben utilizar este modo de protección. Cuando Nicole, azafata de aviación, murió en el atentado del vuelo UTA a Yamena, su marido sobrecatectizó a su hijo Benjamin, de ocho años, para protegerle mejor y protegerse a sí mismo: «Hablamos mucho. Me dice lo que piensa, lo que cree, lo que querría. Me habla de la escuela, de sus compañeros. No me habla de su mamá. De eso no puede hablar».[19] Este silencio es el testimonio de una hipermemoria, cuyo relato guarda en el mundo íntimo, cerrado con llave, imposible de decir y de compartir.

El entorno se hace cómplice de la negación comunicando al herido que de estas cosas no se habla. El silencio se convierte en un nuevo organizador del yo, un tirano mudo que hace sufrir en secreto, impidiendo así el trabajo de autorreconstrucción. La rabia de comprender es un arma de la resiliencia, obliga a leer, a decir, a reunirse, a explicar. En cambio, el silencio que congela la relación aumenta la intensidad del relato a boca cerrada: «Pienso constantemente en mi herida, pero tengo que callarme porque nadie puede comprenderme». Esta renuncia insensata (que no quiere decir nada) prepara la cavilación postraumática y la vergüenza de sí mismo: «No soy más que una mujer... nosotros, los intocables, somos infrahumanos... a lo largo de la historia de nuestro pueblo, siempre hemos sido perseguidos». La resignación impide prevenir la futura agresión. Cuando uno no domina nada, ni a sí mismo ni a los demás, no se protege de nuevos ataques, lo que explica la extraña fatalidad de la revictimización.[20]

Una tumba silenciosa donde se agitan los fantasmas

A veces es imposible decir, porque no se tienen fuerzas, porque el otro no quiere oír nada o porque el peligro de la revelación sella nuestros labios. Un relato a boca cerrada construye en nuestra alma una tumba donde se agitan los fantasmas: «Si le digo a mamá lo que me ha hecho su marido, se morirá... Si descubro mi deshonra, mi familia me rechazará, la sociedad me despreciará».

Confiar un secreto que pesa no siempre es un factor de resiliencia. El estallido familiar que sigue a la revelación del incesto culpabiliza a la hija, que, tras haber sido desgarrada por el padre, será masacrada por su familia. La negación de los heridos que protege del sufrimiento impide la psicoterapia, pues el trabajo mental a veces lo despierta. Para que el cese de la negación no provoque el retorno del dolor, hace falta que el entorno también evolucione para poder escuchar el relato del trauma y apoyar al herido.

La falta de apoyo antes del trauma no ha permitido la adquisición de un apego seguro que, en caso de agresión, habría ayudado a esta víctima de incesto a afrontar la prueba.[21] Luego, la falta de apoyo tras la agresión imposibilita el desvelamiento, cuando la duda y la hostilidad de su propia familia acaban de destrozar a la víctima.

A veces aparece un factor de resiliencia inesperado y poco estudiado todavía que consigue ayudar a la niña herida: ¡una compañera de clase! Cuando un niño es capaz de nombrar a varios compañeros de clase a quienes puede contar sus aventuras, ese rasgo revela su aptitud para buscar por sí mismo un apoyo en caso de desgracia.[22]

Todos los estudios longitudinales que han hecho el seguimiento de niños con dificultades han destacado la importancia del estilo afectivo adquirido antes de la prueba. Un apego seguro impregnado desde los primeros meses de vida proporciona, en caso de desgracia, una probabilidad de resiliencia elevada. El niño herido que ha sido capacitado para ir a buscar un sustituto protector tiene más probabilidades de encontrar un tutor de resiliencia.[23] Ahora bien, ese tutor no puede ser cualquiera, es preciso que responda a las necesidades del niño. Cuando un compañero de clase acepta escuchar el sufrimiento de un niño herido, la intimidad del secreto compartido refuerza el vínculo. Tal vez es esto lo que explica que después de una agresión sexual los niños adoptados desarrollan una resiliencia mejor que los que permanecen con su familia biológica:[24] tienen menos miedo de explicar lo que les ha sucedido.

Hay que distinguir entre la agresión sexual y el abuso sexual. En la agresión, es la violencia la que se impregna en la memoria y facilita un síndrome postraumático, mientras que en el abuso es la traición la que silencia a la víctima y la predispone a la vergüenza. Cuando el violador consigue que el niño confunda los gestos de ternura con el acto sexual, la traición familiar no es infrecuente: «El amigo (de la familia) es muy amable... en cada sesión las fotografías son más "sugestivas"... A mamá no le gusta cuando descubre las fotos. "Esto no está bien", dice... Ni ella ni mi padre modificarán las relaciones con ese hombre y su mujer: la amistad es sagrada. Este verano incluso se irán juntos de vacaciones».[25] La traición parental, la falta de protección auguran más trastornos que la propia agresión.[26]

La revelación es menos difícil cuando la herida encuentra a su alrededor un apoyo familiar, amigable y cultural que permite compartir emociones[27] y mentalizarse.[28] Un contexto así facilita el dominio de la representación de la desgracia y la posibilidad de recuperar un lugar entre los demás. Casi siempre, la ausencia de revelación es un signo de ausencia de sostén. La mujer ofendida cree que es imposible decir lo que le ha sucedido porque ofrecerá de sí misma una imagen de mujer degradada, vencida, repulsiva. Se avergüenza de la representación que puede fijar en el alma de los otros. Por consiguiente, se protege callando.

UN FANTASMA RESUCITADO TODAVÍA PUEDE MATAR

Algo extraño ocurrió cuando Gérald tenía diecisiete años. Vivía en acogida con una familia en la que las relaciones no eran fáciles, pero que al menos le permitía ir al instituto. Un día estaba estudiando sentado en la cocina, absolutamente concentrado en la lectura, cuando su padre de acogida pasó por detrás y repentinamente le besó en el cuello. Sorprendido, Gérald se levantó y recibió una fuerte bofetada al tiempo que su padre le insultaba: «Maricón», luego se marchó. Gérald se sentó y siguió leyendo. Al volver a reflexionar sobre este hecho, se sorprendía del comportamiento sexual de este hombre y, sobre todo, de la indiferencia que sentía cada vez que su «padre» intentaba una agresión homosexual.

Veinte años más tarde, al ver en el cine *La celebración*, una película danesa que trataba del incesto, Gérald comprendió por fin el sentido de lo que había ocurrido. En la película, como en su propia vida, el imperativo familiar silenció el asunto. A su alrededor, los amigos decían que el grave secreto trastornaría a la familia y provocaría psicosis en los niños. Gérald pensó que la familia donde había vivido, bien o mal, tenía ya un curioso funcionamiento antes del guión «beso-bofetada-insulto». Trató de imaginar lo que habría ocurrido si hubiera revelado el asunto. Probablemente su madre de acogida no le habría creído, necesitaba a toda costa salvar lo que quedaba de su matrimonio. En este caso, Gérald habría sido acusado de difamación: «¿Cómo te atreves a hablar mal de tu padre, después de todo lo que hemos hecho por ti?», le habría dicho sin duda. Gérald habría sido expulsado de ese hogar, tal como le habían amenazado ya varias veces.

¿Le habría creído tal vez? En este caso, la revelación habría provocado una tormenta en la familia. La madre no tenía trabajo y los trastornos psicológicos que padecía Viviane, la hija de la pareja que entonces tenía ocho años, se habrían agravado. Le habrían atribuido la responsabilidad a Gérald, y él mismo se habría culpabilizado.

Si hablaba, lo destruiría todo y todos sufrirían. Si callaba, limitaba los destrozos. Pero, para protegerse, tuvo que prepararse para desarrollar un apego muy frío: educado, silencioso, secreto, sin confiarse nunca, esa actitud le permitió seguir su camino sin herir a los demás ni dejarse herir. El apego de evitación desempeñó la función de una adaptación analgésica a ese hogar enfermizo.

En la época de *La celebración*, Viviane se había convertido en madre de dos hijos que se quejaban de tener cada mes un padre distinto, a veces alcohólico, a veces maltratador. Un juez confió los niños a sus abuelos, que los acogieron con amor. Huyendo del infierno materno, los dos pequeños adoraban a sus abuelos, que constituían entonces un hogar protector. Aprendieron un oficio y fundaron una familia, veneran a su abuelo y se ocupan todo lo que pueden de su madre, que sigue padeciendo trastornos. Ninguno de los dos es psicótico. ¿Habrían tenido la misma vida si Gérald, veinte años antes, hubiera ido a la comisaría?

Las leyes generales que valen para un grupo no tienen forzosamente el mismo valor para cada individuo de ese grupo. En general, cuando una mujer sufre una agresión extrafamiliar, si antes ha tenido un apego confiado y si, después de la violación, recibe el apoyo de sus allegados, acumula los factores de resiliencia y recupera su dignidad. Los niños, agredidos por un hombre o por una mujer, reúnen menos factores de resiliencia porque tienen más riesgo de no ser creídos y de provocar respuestas burlonas.

Desde que la cultura occidental estigmatiza menos a las mujeres violadas, estas consiguen borrar con más facilidad la vergüenza de la agresión.[29] Cuando la familia las acompaña, cuando los amigos acuden en su ayuda y cuando el mito de su cultura deja de afirmar que una mujer violada deshonra a sus allegados, la mujer agredida ya no se siente expulsada de la humanidad. A veces, tras la violación, incluso recupera la iniciativa y se permite sermonear al pobre diablo agresor: «Debes de tener un grave problema si no sabes hacer otra cosa». A veces, incluso hoy en día, algunas mujeres invierten los papeles y se vuelven dominantes, como en este caso.

Cuando la familia funciona mal antes de la agresión, hablar de la violación es despertar problemas que están en letargo y añadir un desgarro traumático suplementario. Tal vez esto explica que las muchachas agredidas prefieran hablar de su agresión en primer lugar en la escuela, a una amiga o a una enfermera. Otras prefieren confiarse a un sacerdote o a una persona de confianza, fuera de la familia. Puesto que es posible que la proximidad afectiva hiera a nuestros parientes, es preferible hablar lejos de ellos, con una persona susceptible de comprender sin hundirse con nosotros.[30]

Al desvelamiento le sigue a menudo un ataque de ansiedad: «¿Qué hará con mi secreto? Al confiarme a esta enfermera, he cambiado su mirada sobre mí... Ahora para ella soy una mujer violada. ¿Se reirá de mí y me despreciará?». Confiarse a una persona cercana provoca culpabilidad: «Si se lo digo a mi madre, le hará daño». Pero confiarse fuera de la familia suscita angustia: «Al confiar el secreto que me avergüenza, me pongo en situación de vulnerabilidad, les doy a los otros un arma que podrían utilizar contra mí».

Nos liberamos de la vergüenza modificando el alma de los otros

Solo podremos librarnos realmente de la vergüenza si previamente contamos con el apoyo de los amigos, la familia, el barrio y la cultura.[31] ¿Tal vez la persona agredida era antes delicada o dura según su desarrollo afectivo precoz? Pero cuando, después de un trauma, el veneno de la vergüenza se instala en ella, es que su relación con el medio ya era disfuncional.

El relato de la agresión forja una pasarela intersubjetiva construida con las palabras que uno se atreve a decir a alguien que se atreve a escucharlas.

Podemos denominar a este proceso «reestructuración cognitiva»,[32] también podemos decir que la remodelación de la representación de sí mismo evoluciona en función de los relatos y de las relaciones afectivas. Cuando hago el esfuerzo de verbalizar la tragedia que me ha humillado y confío mis palabras al amigo perfecto, me sorprende sentirme mejor. Sosegado, porque he compartido mi mundo íntimo, reforzado, porque he creado algo con mi herida. Ya no estoy solo en el mundo porque habéis leído, habéis reído, habéis criticado. Me siento menos expulsado de la humanidad (algo inquieto no obstante, porque no sé lo que harán los otros con mis confidencias). Esa remodelación de la representación de «uno mismo herido» provoca una modificación de mis emociones, de su expresión conductual y de la construcción intelectual que otorga por fin a mi fractura una forma razonable. Me libero de la confusión, vuelvo a ser dueño de mi destino, ya no soy el juguete sexual de los demás, el *Stück*, la pieza que se arroja a un horno.

Cuando el niño no recibe el apoyo de sus allegados, que muchas veces son sus agresores, puede buscar un tutor de resiliencia fuera de su hogar. Es posible que lo encuentre en un tío, un amigo o un entrenador deportivo. Muchas veces el elegido es un profesor, aunque no sea consciente de ello. Entre las estrategias que orientan al niño hacia un proceso de resiliencia, la sobrecatectización de la escuela es la más beneficiosa.[33] Es el único lugar donde se siente respetado, amado, lleno de proyectos y de juegos en el patio.

El seguimiento hasta los treinta años de una población de niños agredidos sexualmente reveló evoluciones muy diferentes según la calidad del entorno y la estructura de su personalidad antes del trauma.

La peor evolución la registró un grupo de un 10 por ciento de niños violados que se convirtieron en adultos violadores con una sexualidad anormal. Solo en un 3 por ciento de las niñas aparecieron consecuencias a largo plazo de una humillación sexual que las empujó a repetir una sexualidad violenta con victimización, graves trastornos de la personalidad y mala habilidad parental.[34]

El abandono, la falta de apoyo después de la violación y el aislamiento afectivo y relacional son los factores más determinantes en la reproducción de esta violencia. Cuando el violador, en un proceso, dice para atenuar su culpa que él también fue violado, en muchos casos es cierto, pero lo que le predispone a convertirse en violador no es el hecho de haber sido violado, sino el hecho de haber sido abandonado después del trauma o, peor aún, el de haber sido tratado de mentiroso.

Nos liberamos de la vergüenza modificando nuestra alma

Entre el 10 y el 20 por ciento de las víctimas empeoran de forma inexorable. Algunas, paradójicamente, parecen invencibles, indemnes después de la agresión. Protegidas por la negación que les otorga una apariencia de tranquilidad, se desmoronan ante cualquier acontecimiento sin importancia de la vida. Esos fantasmas que se agitaban en silencio en su mundo íntimo explotan abiertamente en forma de síndrome psicotraumático, surgen varios años después, «como si acabara de suceder». Esos cuadros de agravamiento regular o retrasado aparecen sobre todo en los niños que sobreviven en una familia deteriorada.

Entre el 40 y el 75 por ciento de las víctimas mejoran lentamente: son los niños que forman parte de los grupos que fueron acompañados y protegidos. Pudieron retomar las riendas de su vida e implicarse en un sueño de futuro.[35]

Cuando se hace este trabajo mental, la personalidad cambia, porque la representación de sí mismo se modifica y los valores de la vida ya no son los mismos. La maduración postraumática ha sido observada a menudo por los que realizan un trabajo de campo. Cuando surge un trauma familiar, los niños se vuelven autónomos rápidamente, ayudan a sus padres, a veces incluso se ocupan de ellos. Después de una catástrofe natural, estos niños en pocos días aprenden a cocinar, a hacer de albañil o a rellenar los papeles que antes de la fractura les volvían locos. Los adultos pasan por el mismo efecto de maduración: «Desde que fui agredida, estoy más atenta, vigilo más a los niños, me protejo mejor», se oye decir a menudo. Pero hay que destacar que esta evolución solo se da en los heridos que han recibido apoyo. Cuando la autoestima es preservada por el entorno, los heridos, tras haber sido despersonalizados por la agresión, «retoman las riendas de su vida», como dicen.

La estrategia resiliente aborda el trauma indirectamente, a través de la obra de arte, del compromiso social o del trabajo verbal «que permite a la víctima pasar de la condición de objeto de sevicias a la de sujeto de una obra de imaginación. La violencia es desplazada a la producción de una creación personal que efectúa el proceso de transformación de la realidad vivida. El niño participa así en su propia reconstrucción sin recordar no obstante lo que ha sufrido».[36]

Cuando estos factores de resiliencia son numerosos y están coordinados, el número de niños en dificultades disminuye a la mitad durante el año siguiente a la agresión.[37] Que se sientan aliviados no quiere decir que hayan olvidado, sino que, al contrario, han remodelado la herida para convertirla en una búsqueda activa de apoyo afectivo y de metamorfosis artística.[38]

Este razonamiento por el que el herido se inscribe en una malla familiar y cultural explica por qué el trauma, al atacar un único punto de la malla, ataca también los vínculos y desmalla el conjunto del sistema.[39] Las reacciones del entorno son tan intrincadas que basta que un miembro del sistema familiar sea atacado para que las depresiones en el círculo que rodea a un traumatizado se multipliquen por tres. «La acompañé a la comisaría, siempre estuve a su lado —dice el marido—, y ahora estoy mal.» Cuando una mujer es agredida, el 59 por ciento de los maridos se deprimen; cuando un niño es agredido, el 67 por ciento de los padres se hunden.[40]

El factor de resiliencia más eficaz, el que encontramos regularmente en los estudios hechos a largo plazo, es el tejido de un vínculo afectivo estable. Los heridos que lograron constituir una pareja duradera son los que ofrecen los mejores resultados en todas las escalas de evaluación.[41] El efecto protector de la pareja actúa de lleno en los miembros heridos. Tras unos meses de adaptación, cada uno sirve de base de seguridad al otro: «Me siento tranquila cuando mi marido está aquí... Mi mujer es mi columna vertebral afectiva, organizo mi vida para ella, en torno a ella. Con ella tengo por fin un proyecto de vida». El efecto protector de la pareja se evalúa por la mayor esperanza de vida en los casados y el menor número de enfermedades físicas y de depresiones en las parejas estables. Las entrevistas semiestructuradas y los test psicológicos especifican que la higiene de vida es mejor y que la angustia se alivia rápidamente en estas parejas.

Podemos precisar este dato diciendo que la estabilidad de la pareja crea un sentimiento de familiaridad protector, la fiabilidad del otro proporciona confianza en uno mismo: «Puedo contar con ella». «Siempre ha estado aquí cuando le he necesitado.» Esta armonía alivia la angustia y permite consagrar más los esfuerzos a la aventura social. El herido encuentra en su cónyuge la figura de apego primaria que, en su infancia, le dio seguridad y reforzó. Cuando esta base de seguridad falló, se le presentó al herido una segunda oportunidad y en la pareja consiguió la fuerza y la tranquilidad que hasta entonces le habían faltado.[42]

Ahora bien, «estabilidad de la pareja» no siempre quiere decir «calidad del vínculo». El herido que siente bienestar junto al cónyuge fiable se apega a él, aunque la relación sea difícil y costosa: «De acuerdo, quiere que renuncie a una parte de mi aventura social. Me gustaría ser periodista, pero es un trabajo que requiere viajar mucho y podría perjudicar la vida de familia que necesito. De modo que renunciaré a esta vida de aventuras y aceptaré la rutina a su lado. Esta renuncia me costará cara, pero sin mi marido me hundo».

Vemos a menudo cómo en las parejas estables se va creando lentamente el vínculo de apego seguro que había sido desgarrado por la agresión sexual. Muchas veces la mujer violada atribuye a la sexualidad un significado de violencia contra la que se defiende bloqueando las relaciones sexuales e incluso los gestos de ternura. Cuando está protegida por su pareja, pide algunos gestos afectuosos y acepta relaciones sexuales «para satisfacerle». En una pareja fiable y protectora, la sexualidad se reaviva. La evaluación de los resultados de apego atestigua una mejora de la seguridad paralela a la del placer sexual.[43] El miedo a ser abandonada de nuevo, el sufrimiento de la pérdida serían tan graves que se acepta la presencia del otro, aunque haya que pagar un precio elevado.

Este tipo de transacción afectiva se torna demasiado costosa cuando el compañero intenta hacer un buen negocio. Viendo que su mujer (o marido) está dispuesta a pagar cara la estabilidad del vínculo del que tiene necesidad, el (la) no herido(a) pide demasiado y despersonaliza a su cónyuge. Cuando el cónyuge no herido se aprovecha de la demanda de estabilidad del otro para establecer una relación de dominio, explota hasta la despersonalización o la depresión por agotamiento.

Por lo general, el cónyuge con buen desarrollo siente placer al apoyar al herido, se siente bien cuando hace el bien. Ese contrato implícito crea una pareja estable, tranquilizadora, reafirmante, en la que el desarrollo de un apego seguro crea un vínculo ligero (lo que no quiere decir superficial) por el que cada uno refuerza al otro sin encerrarlo en una prisión afectiva.

Nos liberamos de la vergüenza actuando sobre cualquier punto del sistema

Otros factores, externos al herido, intervienen en la resiliencia: la religión desempeña un papel importante.[44] En las culturas en las que el sacerdote no estigmatiza a la mujer manchada, sino que la apoya y la conduce hacia la espiritualidad, la mujer se siente autorizada a atribuir la agresión a un elemento exterior. No es raro que las personas humanitarias que trabajan en las ONG sufran un síndrome postraumático, puesto que el horror de la realidad provoca traumatismos por compasión. Las congregaciones religiosas que trabajan en los mismos terrenos rara vez padecen estos traumatismos. La oración les proporciona momentos de meditación y de recuperación, pero sobre todo la estabilidad de los equipos y el sentido que da la fe las protegen eficazmente.

El esquema de análisis que evalúa la probabilidad de resiliencia después de una agresión sexual se puede aplicar de hecho a cualquier trauma, aunque cada uno posee su especificidad.[45]

- Evaluando el estilo de apego y la aptitud para la mentalización, se puede predecir si la víctima tiene más probabilidades de encerrarse en sí misma que de ir a buscar apoyo.
- Analizando la estructura de la agresión, se puede predecir si la víctima atribuirá la falta a un agresor externo o se culpabilizará por haberla provocado.
- Observando las reacciones del medio familiar y la estructura de los mitos y prejuicios de la cultura que rodea a la persona

destruida, se pueden encontrar tutores de resiliencia que la ayudarán a suturar su herida o las fuerzas que se lo impedirán.

Este método de evaluación integra datos:

biológicos: adquisición de un estilo de apego;
psicológicos: estructuración de un mundo íntimo;
sociológicos: organización de las familias y de los mitos.

Los razonamientos sistémicos son complejos, lo cual no significa complicado. Es bastante simple pensar en el sistema respiratorio: el oxígeno gaseoso atraviesa el filtro pulmonar, luego es recogido por los glóbulos rojos que flotan en el líquido plasmático. El sistema respiratorio complejo, compuesto de elementos heterogéneos, es indivisible. Basta que un accidente altere un solo engranaje de este sistema para que la respiración entera deje de funcionar.

Una reflexión sobre la vergüenza necesita también un razonamiento sistémico y la integración de datos heterogéneos y coordinados. Acabamos de describir cómo ese sentimiento solo puede ser provocado por una representación. Sin embargo, la reacción emocional a esta «imagen de uno mismo en la mirada atribuida al otro» solo puede ser percibida en el cuerpo, que es el que se siente emocionado y turbado por esta figura. Por consiguiente, es preciso reflexionar ahora sobre la manera como el cuerpo acoge esta representación de sí mismo.

4

Biología de la vergüenza

¿TIENEN VERGÜENZA LOS ANIMALES?

En cierta ocasión, tuve el honor de ser presentado a una familia de bonobos del zoo de San Diego. Esos chimpancés enanos se han hecho célebres por el hecho de acoplarse cara a cara para resolver sus conflictos, poniendo así en práctica el lema de Woodstock: «Haz el amor y no la guerra».

Aquel día, una hembra mendigaba comida a su guardián con tanta insistencia que este, exasperado, acabó por enviarla a paseo. Entonces me vio y se sobresaltó. Yo había acudido al zoo la víspera, ella se había sentado delante de mí cruzando los brazos, y tuve la impresión de que me miraba directamente a los ojos preguntándose probablemente con qué derecho entraba en su casa. Y ahora la sorprendía mientras estaba mendigando y recibiendo una bronca. Entonces se cubrió los ojos con la mano izquierda, volvió la cabeza y... siguió mendigando tendiendo la mano derecha.

Soltamos una carcajada y el guarda me explicó que la hembra, bloqueada entre el deseo de obtener comida y la incomodidad que le causaba mi presencia, sentía vergüenza. De modo que había realizado un compromiso conductual entre su pulsión y la evitación de mi mirada.

Bien. Admitámoslo. Pero para hablar de vergüenza en los animales, es preciso organizar algunos datos recogidos en el medio natural y algunos experimentos.

En una población de macacos, se constata que entre el 15 y el 20 por ciento son extremadamente reactivos, se sobresaltan al menor ruido, se alarman por cualquier cosa y atacan por miedo. Se observa que, desde su nacimiento, manifiestan un temperamento hipersensible que perturba las interacciones con sus compañeros y con su madre. Pegados siempre a su cuerpo, maman más tiempo que las otras crías, bloqueando la ovulación de la hembra. Esta anticoncepción natural retrasa el nacimiento del siguiente bebé y permite a la cría hipersensible acaparar a su madre durante mucho más tiempo.[1] Pero esto no es bueno, ya que el hiperapego ansioso disminuye el aprendizaje del pequeño miedoso. Explora poco, juega mal y no aprende los rituales de interacción. Estas crías tímidas difícilmente se socializan, se mantienen en la periferia del grupo e interpretan cualquier invitación al juego como una agresión. Se refugian a toda velocidad en el regazo de su madre, se acurrucan y la muerden, revelando así un apego ambivalente que otorga a cualquier relación la connotación de conflicto.[2] Todos los indicadores de estrés han aumentado: aceleración del corazón, alarma eléctrica cerebral, desorganización de las fases del sueño, aumento del cortisol sanguíneo y de la adrenalina, caída de las hormonas del crecimiento. La díada madre-hijo funciona mal: la madre es prisionera de una cría que se apega demasiado y el hijo, fascinado, se socializa mal porque no puede separarse de ella.

Ese temperamento que crea un vínculo de apego estrecho y ambivalente está relacionado con la susceptibilidad genética inducida por un alelo mutado 5-HIAA[3] que encontramos en todos los mamíferos. A estos animales les cuesta mucho adquirir la independencia, porque cualquier percepción desencadena en ellos una alarma que los domina y que solo pueden calmar mediante un contacto tranquilizador. Pero cuando se refugian en su madre, siguen estando en alerta, ¡de modo que muerden a la que les da seguridad! Este factor genético codifica mal para la síntesis de una proteína que transporta la serotonina en la sinapsis de una neurona a la otra. Ahora bien, la caída de ese neuromediador causada a veces por una sustancia (reserpina, interferón, betabloqueadores) provoca un estado depresivo que puede combatirse suministrando otras sustancias que aumentan los niveles de serotonina (anfetaminas, antidepresivos).

Desde que nacen, los pequeños macacos que transportan poca serotonina perciben con temor cualquier información a la que responden con violencia. Incluso un estímulo luminoso es para ellos una agresión contra la que se defienden.[4] Mientras que el 80 por ciento de sus compañeros, grandes transportadores de serotonina, perciben el mismo estímulo luminoso como un acontecimiento sorprendente que provoca una reacción de juego exploratorio.

LA GENÉTICA NO ES TOTALITARIA

La tendencia relacional de esos dos grupos de macacos será muy diferente: conflictiva y dolorosa para los pequeños transportadores, divertida y estimulante para los grandes transportadores, que ocuparán una posición elevada en la jerarquía del grupo.

De modo que una mutación genética que provoca un devenir social determina un estilo de vida. ¿Es suficiente para hablar de destino? Muchos animales nos harán comprender que ese determinismo parcial es insuficiente para explicar una trayectoria de vida. Los monos tímidos, camorristas por temor, presentan todos un nivel bajo de serotonina. Pero este déficit es mucho más heredable que hereditario.[5] Es decir, que una madre enferma o destrozada por un trauma, por un grupo desorganizado, por el ataque de una banda vecina o simplemente por la sequedad del clima, envolverá a su pequeño en un nicho sensorial carente de seguridad en el que cualquier información será una alarma. Los adultos en dificultades también atacarán al pequeño por miedo, enseñándole así a responder agresivamente. De modo que podemos observar familias de monos, de perros o de gaviotas que son «chivos expiatorios». Esos animales se convierten en el hazmerreír de su grupo, porque su madre o su abuela fueron traumatizadas durante su desarrollo.

Las madres tímidas, mal socializadas, también manifiestan un hiperapego ansioso. Vigilan a su hijo de muy cerca, limitando así sus exploraciones,[6] y cualquier acontecimiento provoca en ellas una reacción emocional de pánico que asusta al pequeño. Poco importa que la timidez de esas madres se deba a una mutación genética, a un empobrecimiento de estimulaciones durante su propia infancia o a la desorganización traumática de su madre o de su abuela, el resultado para el hijo será el mismo: cualquier información nueva es una señal de alarma. Puede huir, aterrorizado, puede inmovilizarse en una sideración traumática, puede agredir por miedo a un «agresor» que no pretendía agredirle.

Unos macacos recién nacidos, grandes transportadores de serotonina, fueron separados precozmente de sus madres, criados con biberón y colocados entre un grupo de compañeros en cuya compañía se desarrollaron. Al llegar a la edad adulta, esos monos hiperapegados a sus compañeros se volvieron poco exploradores y temerosos, y sin embargo desde un punto de vista genético estaban preparados para ser confiados y tranquilos. De modo que el factor genético del transporte de una molécula había sido menos fuerte que el factor emocional surgido de la organización del medio. Esos grandes transportadores de serotonina, vulnerabilizados por la separación precoz, se habían apegado a sus compañeros.

Pero su efecto protector, inferior al de la madre, había provocado un hiperapego ansioso.[7] Tras unos meses de desarrollo difícil, se encontraron situados en la parte inferior de la jerarquía del grupo, como si hubieran sido pequeños transportadores de serotonina. Siendo poco vulnerables genéticamente, ¡habían adquirido epigenéticamente un factor de vulnerabilidad!

Hay que destacar que los pequeños transportadores de serotonina, colocados en la misma situación de separación precoz, reaccionaron con un desarrollo catastrófico. Los sustitutos afectivos ofrecidos por sus compañeros no fueron suficientes para permitir el tejido de un apego. El menor estímulo les provocaba tal pánico que solo se tranquilizaban autoagrediéndose.

El sexo interviene en la forma de construir las respuestas emocionales y conductuales. En caso de privación, las hembras aumentan sus actividades autocentradas, mientras que los machos no logran dominar sus impulsos. Pero cuando se les ofrece un apoyo, las hembras se tranquilizan fácilmente, mientras que los machos no siempre consiguen controlar sus explosiones.

La observación inversa también es cierta: un mamífero hipersensible por naturaleza confiado a una madre tranquila se apega a ella y aprende a reaccionar con menos viveza, lo que mejora sus interacciones afectivas y su evolución social.

Es imposible, por tanto, explicar un efecto por una sola causa y atribuir todo el poder a un único factor. No podemos decir: «Su vulnerabilidad se debe a una escasa secreción de serotonina». Tampoco podemos decir: «Este animal se mantiene estable en la prueba porque su dotación genética le permite transportar mucha serotonina». Estos experimentos nos invitan más bien a pensar que una serie de factores heterogéneos, genéticos, epigenéticos, ecológicos y sociales convergen y se armonizan para provocar un único efecto observable: la reacción ante la pérdida. Un mamífero pequeño transportador de serotonina, poco juguetón, poco explorador, lleva una vida apacible cuando su madre está disponible y su medio estable. Solo en caso de separación o de pérdida, este modo de vida revelará una dificultad de reequilibrio.

En cierta ocasión una rata, después de haber parido, abandonó su nido y desapareció a causa de un accidente. Contrariamente a lo que se había pronosticado, las crías no tuvieron una reacción de alarma, ya que no habían tenido tiempo de tejer un vínculo ni de sentir como una pérdida la desaparición de su madre. La adaptación a ese entorno sensorial empobrecido provocó una ralentización del metabolismo y del ritmo cardíaco de las crías, que entraron en un letargo biológico. Más tarde, cuando se les propuso una madre sustituta, retomaron mal su desarrollo, porque su organismo había aprendido a reaccionar con lentitud.[8] La manera como se teje el apego interviene en la adquisición de las reacciones biológicas del organismo y, en caso de desarrollo desgraciado, en la capacidad de resiliencia de este organismo.[9]

Ya en los animales, el temperamento, mezcla de genética y de epigenética, induce a una estrategia de vida. Progresivamente, las transacciones entre el organismo y lo que halla a su alrededor pueden producir un efecto de recuperación resiliente o impedirlo. De modo que deducimos que, en los seres humanos donde las transacciones se efectúan entre el organismo, el estilo de vida que ha adquirido en su familia y las representaciones verbales de su cultura, las causas del temor o del atrevimiento serán más heterogéneas aún.

La adquisición de una vulnerabilidad personal depende de las emociones de los otros

Sin contar con que, en los seres humanos, el fenómeno de resonancia puede modificar la orientación de un determinismo genético. Cuando la expresión de uno está amplificada por el significado que adquiere en el espíritu del otro, el hecho no tiene la misma importancia. A veces un bebé es especialmente emocional porque sus genes codifican mal para la producción de la proteína que transporta la serotonina.[10] Esta debilidad biológica facilita el miedo, pero no orienta forzosamente hacia una catástrofe en el desarrollo, porque todo depende de las transacciones que el entorno haga con este niño asustadizo.

Muchas madres se enternecen cuando un bebé llora. Sienten un gran placer al cogerlo entre los brazos y sentir que se calma por efecto de su ternura. Ese placer maternal provocado por el llanto del hijo otorga a la madre el poder de convertirse en una base de seguridad. El niño, al apegarse, aprende a tranquilizarse en contacto con esta base de seguridad. Pero a veces la madre, debido a su historia, atribuye al llanto del bebé el significado de una agresión: «Cuando llora, me recuerda al hombre que me violó y cuyo producto es este niño». En este contexto, la expresión de alarma del bebé no provoca una emoción de ternura tranquilizadora, sino que despierta, por el contrario, la memoria dolorosa de la madre. Las respuestas a esta representación son brutales o desesperadas. La desdicha materna la transforma en base de inseguridad. Si el bebé es un gran transportador de serotonina, se volverá igualmente temeroso y autocentrado en contacto con esta madre carente de seguridad. Pero si es un pequeño transportador, la privación de la base de seguridad provocará una catástrofe en su desarrollo.

Entre una madre vulnerable y un bebé sólido puede tejerse un hiperapego ansioso. Esta transacción, que no es infrecuente, explica el sorprendente comportamiento de esos niños que, desde los ocho años, se ocupan del padre frágil y se convierten en padres de su padre.[11] Lo contrario también es cierto: un bebé temeroso provoca a menudo el hiperapego ansioso de los padres. Asimismo, en ocasiones la historia de los padres atribuye un significado extraño a la expresión del temperamento del niño: «Solo puedo amar a un bebé enfermo porque tengo necesidad de ocuparme de los otros. Un niño sano no me interesa». Pienso en ese padre que soñaba con tener una hijita y cuidarla tiernamente. A los ocho años, la niña no pensaba más que en el fútbol y soñaba con ser boxeadora, provocando con ello la decepción agresiva del padre.

Imaginemos los siguientes escenarios de posibles transacciones, todos ellos reales. Y la aventura de las trayectorias vitales añade variaciones a estos escenarios. La señora M. estaba desesperada por el apego ansioso de su hijito: «... siempre pegado a mis faldas... besucón... vete a jugar...». Las frases de rechazo agravaban la inseguridad del niño, que alternaba los gemidos y las demandas de afecto. Hasta el día en que, por suerte, se rompió una pierna. El niño cambió de significado, ocuparse de él tenía un efecto tranquilizador para la madre, igual que para el niño antes hipersensible. El establecimiento de una distancia afectiva ya no tenía razón de ser. Al contrario, lo que resultaba tranquilizador era el tejido del vínculo.

Los que razonan en términos de causalidades lineales corren el riesgo de concluir que hay que romper la pierna de los niños para que sus madres los quieran. Pero los que se dedican a reflexionar en términos de sistema pensarán que es la convergencia de un conjunto de factores la que finalmente provocó el tejido de un vínculo. Este razonamiento sorprende a quienes necesitan causalidades claras: «De dónde procede... pónganse de acuerdo...». Esta dialéctica es normal en medicina: la fiebre, que es un síntoma fácilmente perceptible, tiene distintas causas, como pueden ser una infección, una carrera pedestre, una deshidratación o una fuerte emoción. El temor que provoca una reacción de alarma al menor encuentro es una emoción de la misma clase. En el caso de la timidez, la alarma la provoca la emoción del encuentro, a la que se añade la idea de que no se está a la altura del otro. Por consiguiente, el otro nos dominará y tal vez nos juzgará mal, nos aplastará.

La timidez es una emoción que se percibe en el cuerpo, pero que está provocada por la representación de un «sí mismo» dominado por los otros. Por eso cabe pensar que la vergüenza solo es posible cuando el desarrollo del niño le da acceso a la empatía, a la representación de sí entre los otros: «Sentimientos sociales como la culpabilidad, la vergüenza, la turbación aparecen en nuestras sociedades hacia los tres años, cuando el sentimiento del yo proporciona al niño el sentido de su propia individualidad y de que es uno entre otros».[12]

Un organismo hipersensible tiene más probabilidades de adquirir esta timidez que entorpecerá sus relaciones. Pero si su entorno le da seguridad, esta sensibilidad caracteriza un estilo afectivo reservado, que a algunos les resultará agradable. En caso de traumatismo, la misma tendencia orgánica carente de seguridad provocará una reacción de catástrofe, una agonía psíquica.

Por el contrario, un organismo genéticamente poco emocional y falto de seguridad durante su desarrollo podrá adquirir un factor de vulnerabilidad. En caso de situación traumatizante, reaccionará con una sensibilidad desgarradora. Un mismo organismo genéticamente apacible, reforzado luego por interacciones precoces durante los primeros meses de vida, no solamente resultará difícil de desgarrar,[13] sino que retomará fácilmente un buen desarrollo si su medio le da seguridad. Por eso hay quien habla de «gen de la resiliencia»,[14] cuando incluso en este caso ha sido preciso que las interacciones precoces refuercen la tendencia orgánica, permitiéndole así afrontar mejor la prueba. Después del desgarro, ha sido necesario que el medio le proponga tutores de resiliencia que apoyen afectivamente al herido en el alma, le den seguridad y le propongan un nuevo proyecto de existencia.

Este modo de razonamiento excluye toda causalidad lineal: una tendencia genética no es inexorable, una herida se inscribe en la historia, no es un destino.

La manera de amar es un modo de socialización

La teoría del apego propone un método de observación etológica, un seguimiento evaluable gracias a los cuestionarios y a los signos clínicos, y la introducción de variables experimentales: se evaluó a una población de ciento doce niños «tímidos» de cinco años.[15] Los padres y los educadores tenían que valorar una serie de comportamientos propios de un tímido: evitar la mirada, bajar la cabeza, ocultar el rostro detrás de la manos, esconderse detrás de la madre o debajo de un mueble, desplazarse a la periferia en un grupo de niños. A continuación, un cuestionario validado estadísticamente debía evaluar las representaciones de apego y clasificarlas en apegos seguros, de evitación, ambivalentes y confusos. Por último, un año más tarde, a los seis años, los comportamientos observados eran evaluados de nuevo añadiéndoles las variables de interacciones verbales y conductuales: los contactos visuales, la proximidad, el tacto y los juegos.

Los resultados fueron claros. Los niños cuyo apego era seguro tuvieron numerosos intercambios verbales e interacciones conductuales. Sostuvieron la mirada de los profesores, jugaron con sus compañeros. Todos los procesos de aprendizaje fueron facilitados por esta manera de entablar una relación afectiva.

Los niños ambivalentes tuvieron menos interacciones y más conflictos, como era fácil de prever.

Los niños calificados de «tímidos» tuvieron muy pocas interacciones, muy pocos conflictos y prácticamente ninguna iniciativa. Anormalmente buenos, fueron desplazados a la periferia, apartados, más aún que los niños con apego de evitación, que aceptaban las invitaciones de miradas, de juegos y de palabras.

Esta emoción de timidez puede evolucionar hacia un sentimiento de vergüenza cuando el niño es capaz de representarse las representaciones de los otros. Hacia los cuatro años, piensa algo así como: «Me siento mal bajo la mirada de los otros. Tengo la sensación de ser un poco agredido, porque creo que me juzgan mal. Me siento mal a causa de la mirada de los otros».

Para pensar semejante racionalización, para dar una forma verbal coherente al sentimiento de ser desvalorizado por la mirada de los otros, hay que tener acceso a la intersubjetividad. Ahora bien, este sentimiento cruzado entre uno y el otro empieza mucho antes que la palabra. Desde que en el mundo mental de un bebé se constituye el otro, puede, hacia el segundo o tercer mes, sentir la emoción de temor ante la mirada del otro. Aparta la vista o se pone la mano delante de los ojos para no ver que es visto. La mayoría de los niños sostienen «descaradamente» la mirada de los otros sin sentirse molestos. No son descarados, por supuesto, simplemente todavía no han adquirido la sincronización de las miradas y de las palabras que permite conversar. Todavía no se representan la incomodidad que puede provocar en el espíritu del otro el simple hecho de sostener su mirada. En el caso de un adulto, el que habla mira al otro «de pasada» para no incomodarle, y el que escucha mira más fijamente.[16] Pero en el caso de una relación de dominio, el que habla mira fijamente y el que escucha evita el enfrentamiento de las miradas, como en los entrenamientos militares en los que el subordinado tiene que mirar al frente,[17] y como en los procesos en los que el acusado mira al suelo. La sincronización de las miradas y de las palabras la modela la cultura. El niño amonestado tiende espontáneamente a bajar la mirada y, cuando el adulto occidental le dice: «Mírame cuando te hablo», significa que quiere que el niño vea que está dominado. En muchas otras culturas, los adultos percibirían el enfrentamiento de miradas como una actitud de descaro. Estas situaciones de intersubjetividad son preverbales y paraverbales, como en una película muda.

Los gestos faciales intervienen en estas conversaciones sin palabras. Mientras escribo estas líneas, recuerdo a un niño del hospicio que, al acabar la Segunda Guerra Mundial, dormía sobre la paja junto a una fosa de estiércol. Iba increíblemente sucio, cubierto de lodo y de mugre, y solo se lavaba cuando el estiércol le salpicaba. Al niño no le importaba porque en aquella época un huérfano de siete años era transparente. ¿Quién iba a mirarle? ¿Quién iba a hablarle? Un día, una señora de la ciudad fue a «apadrinar» a un niño del hospicio, como se decía. Se le entregó el niño para que pasara con ella un domingo. En un gesto de amabilidad, se dispuso a vestirle con ropa limpia y a darle un baño, pero cuando vio lo que había debajo de la ropa pringosa, no pudo evitar un gesto de disgusto. De pronto, el niño se sintió avergonzado de lo que él era a los ojos de aquella señora. Por primera vez se veía mugriento y apestoso, algo que no podía ver cuando no tenía a nadie alrededor. Entonces sintió hostilidad hacia aquella mujer generosa que, deseando ayudarle, acababa de humillarle. El odio, en este caso injusto, puede ser considerado un factor de protección contra la vergüenza. Un niño hipersensible o con carencias por un empobrecimiento afectivo no habría tenido fuerza para sentir odio. Habría reaccionado con una vergüenza desesperada. Habría querido «que la tierra se lo tragara», refugiarse en un agujero imaginario para no tener que afrontar esa mirada humillante, ese gesto de asco. El odio protegió su autoestima disminuyendo la vergüenza, pero no mejoró la relación, que fue mala.

Un niño genéticamente hipersensible vive cualquier relación con un miedo difícilmente soportable. Se tapa los ojos para no ver que es visto, pero si ha recibido un refuerzo afectivo precoz que le ha enseñado a superar esta emoción, permanece atento a la mirada de los otros, cuida su aspecto para que lo acepten, se vuelve conformista, bueno, buen estudiante, cónyuge fiel, sensible y equilibrado. Si sufre un trauma, lo vivirá dolorosamente, pero su estilo afectivo, la aptitud relacional adquirida le permitirán retomar un desarrollo resiliente, siempre que su medio le proporcione tutores protectores y un proyecto dinamizador.

Todos nosotros conservamos durante mucho tiempo los vestigios de esos comportamientos que expresan una timidez precursora de la vergüenza. Muchos niños se esconden detrás de su madre cuando llega un desconocido, muchos adolescentes dudan en presentarse porque temen sentirse dominados, muchas mujeres se ocultan detrás de sus manos cuando se les explica un chiste atrevido, y todos nosotros, cuando estamos tristes, nos metemos en la cama para ocultar el rostro bajo la almohada a fin de que nadie vea nuestro sufrimiento.

No nos apegamos al más amable o al que tiene más títulos, nos apegamos a quienes nos dan seguridad

Acabamos de nacer y nuestras reacciones emocionales y conductuales ya no dependen de una sola causa. La connotación afectiva de lo que percibimos procede de la expresión de las emociones de las personas que amamos. Es el miedo de la cuidadora lo que asusta al bebé, que todavía no sabe lo que es bueno o malo. Cuando, en sus primeros meses de vida, el bebé percibe un objeto, es el temor o la alegría expresada por la madre lo que atribuye al objeto una connotación de repulsión o de atracción. El bebé responde a esta afectividad exterior mediante un comportamiento de exploración o de evitación.[18]

Ahora bien, los bebés no son recipientes pasivos. Los pequeños transportadores de serotonina, los asustadizos, los hiperemotivos, cuando se sienten protegidos por una madre tranquila, acaban atribuyendo al objeto que perciben una connotación divertida que estimula sus exploraciones. Pero cuando a su madre le ocurre una desgracia, los pequeños asustadizos, que nunca han sido protegidos, atribuyen al mismo objeto una connotación de pavor que les paraliza o les aterroriza.

Esta observación permite ver que estamos lejos de la explicación causal habitual según la cual un comportamiento de exploración o de temor es atribuible a un determinismo genético. Ya no se puede pensar así, porque la emoción de alegría o de temor con que se carga un objeto procede de la historia de la madre.

Esta observación permite comprender por qué «el orgullo es afiliativo y la vergüenza desafiliativa».[19] Cuando un bebé consigue continuamente pequeñas victorias —tirar la cuchara de puré para que se la volvamos a dar, los primeros pasos que provocan nuestros gritos de admiración, la colocación metódica de piedrecitas en el fregadero—, las reacciones emocionales de las figuras de apego connotan el éxito de un placer compartido: el orgullo es afiliativo, teje un vínculo. Pero cuando a cada fracaso le sigue el desaliento, cuando cualquier intento de exploración provoca la cólera parental, el niño aprende a temer la mirada de aquellos que deberían darle seguridad.

Puesto que utilizamos la palabra «orgullo» para describir la pequeña victoria de un niño de diez meses, ¿por qué no podemos utilizar también la palabra «vergüenza»? El significado implícito de las palabras nos hace pensar que, puesto que el orgulloso se hace visible, el avergonzado se mantiene apartado, quiere ocultarse, meterse bajo tierra. Esta reacción de evitación le desplaza a la periferia, le aísla y le lleva a sentir la necesaria prohibición preverbal (fruncimiento de ceño, rigidez corporal, débil ruido con la boca «chisss-chisss») como un hecho aterrorizador. El mundo ha adquirido para el pequeño avergonzado un sabor de espanto ante cada relación. Esta adquisición de la vergüenza preverbal otorga un estilo de apego desplazado a la periferia que frena la socialización. Mientras que un niño orgulloso se sitúa en el centro del grupo de niños o cerca del adulto de referencia, el niño avergonzado se mantiene a distancia de los intercambios de gestos afectivos y de palabras.

Como participa menos en los juegos y en el comercio de objetos (cosas insignificantes, trozos de dulce), aprende mal los rituales de interacción y se siente dominado por los niños orgullosos. Le dan miedo, les tiene manía. Todo el apoyo conductual, afectivo y verbal que normalmente tutela el desarrollo de un niño se convierte en el caso del avergonzado en un vago apoyo lejano, frágil, amargo y carente de seguridad. Por consiguiente, el menor acontecimiento corre el riesgo de convertirse en un trauma no visible.

Felicidad y pulsiones. Vergüenza y moral

Sin embargo, el impudor infantil de los primeros años permite observar que, mientras el pequeño no se preocupa de cómo existe en el espíritu del otro, no tiene ninguna razón para sentir vergüenza. Le basta satisfacer sus pulsiones para ser feliz: «El niño pequeño es amoral, no posee inhibición interna a sus pulsiones que aspiran al placer».[20] Si siente una necesidad o una pulsión, la dirige al otro sin tener en cuenta el efecto que pueda producir en este otro mundo. En cambio, en cuanto es capaz de representarse que la expresión de su pulsión puede molestar al otro, el niño se vuelve apto para la vergüenza, ¡es el principio de la moral! La vergüenza preverbal es interaccional cuando el niño se siente dominado por la presencia física del otro. La vergüenza verbal es representacional cuando se siente aplastado por el juicio del otro,

¡ya no puede permitírselo todo! Un freno interno modifica su pulsión porque ahora el niño ya tiene en cuenta lo que no ve pero se representa: el mundo mental del otro. Un poco menos narciso, un poco más relacional, acaba de adquirir una aptitud precoz para la prohibición conductual.

Antes del enunciado de la ley, el niño ya se impone límites. Si es poco sensible a la mirada de los otros, no aprenderá a frenar sus pulsiones, como un perverso o un psicópata. Pero si es excesivamente sensible, corre el riesgo de otorgar prioridad a lo que él imagina del mundo del otro e inhibirse demasiado.

De modo que un poco de vergüenza es la prueba de una buena maduración biológica y de un buen desarrollo de las aptitudes relacionales. Un exceso de vergüenza revela una sensibilidad exagerada cercana al temor, una tendencia a despersonalizarse para dejar sitio al otro. La ausencia de vergüenza demuestra una suspensión del desarrollo y una incapacidad para representarse otros mundos ajenos al suyo.

La neurobiología de la cólera es fácilmente reconocible. Cuando una relación cobra un significado que provoca la ebullición emotiva, se observa claramente un aumento eléctrico y fisiológico de todos los indicadores de alarma. El corazón se acelera, la tensión sube, los vasos sanguíneos se dilatan y nos hacen enrojecer, los ritmos cerebrales pierden su sincronía y la secreción de sustancias de estrés se dispara. Una neuroimagen muestra que una zona concreta del cerebro consume de repente mucha energía: la amígdala encefálica se pone al rojo vivo.[21] La alegría, la aversión o la tristeza provocan la secreción de otras sustancias y activan otros circuitos cerebrales. El razonamiento es el mismo: la simple percepción de un objeto y el significado que adquiere para nosotros, según nuestra historia y la de nuestros allegados, desencadenan modificaciones orgánicas. Cuando la madre está triste, independientemente de cuál sea la causa de su tristeza, la expresión de su emoción crea en torno al bebé un envoltorio sensorial empobrecido que estimula poco su cerebro y sus secreciones neuroendocrinas. La tristeza de la madre altera el espejo natural del bebé y los reflejos de sí donde se mira el niño.[22] Como está menos protegido, el pequeño se crea una imagen disminuida de sí mismo. Como es menos confiado, experimenta la sensación de ser dominado por los otros.

Esta impresión modifica las reacciones biológicas: cualquier percepción provoca una alarma, cualquier relación raya en el sufrimiento. El organismo alterado por el empobrecimiento de su nicho sensorial reacciona ante una representación de sí desvalorizada. La vivencia que predispone a la vergüenza es el resultado de una convergencia de causas diferentes: un factor genético que provoca hipersensibilidad puede ser corregido por el nicho sensorial de los primeros meses o agravado por el empobrecimiento afectivo precoz. El adulto cuidador realiza sin darse cuenta gestos de consuelo o mímicas que rebajan al pequeño. Más tarde, cuando el niño hable, podrá experimentar otra fuente de vergüenza, un sentimiento de desvalorización de sí al oír los relatos de su entorno, de su familia, de su barrio, o los mitos y prejuicios de su cultura. La fuente de la vergüenza preverbal cambia cuando la madre recibe apoyo. El origen de la vergüenza verbal cambia cuando cambian los relatos.

En los animales, la convergencia de estos determinantes heterogéneos puede provocar la sensación de ser dominado. En los humanos, esta confluencia de factores puede dar lugar a un sentimiento de sí desvalorizado. Tal distinción se legitima por el hecho de que la sensación es el resultado de una percepción, mientras que el sentimiento proviene de una emoción sentida en el cuerpo pero provocada por una representación.

Neurobiología de una timidez adquirida

La neuroimagen nos permite afirmar que, cualquiera que sea el origen del sufrimiento, dolor físico o representación mental, se estimula la misma zona cerebral y envía al cuerpo las mismas informaciones desagradables.[23] Ese disgusto físico posee un valor adaptativo comparable al estrés. Cuando un ser vivo se siente desbordado por una alarma que no consigue dominar, responde mediante el pánico o la sideración. Pero si nunca está estresado, su organismo embotado acaba percibiendo el menor estímulo como una alarma insoportable. El dolor posee un efecto de maduración, siempre que el organismo aprenda a superarlo. Un animal agredido con frecuencia durante su desarrollo aprende a someterse a la menor interacción con sus congéneres. Un animal que nunca ha sido agredido, que no tiene ocasión de aprender a inhibir sus pulsiones, expresa su agresividad con facilidad. En ninguno de estos dos casos extremos la socialización es buena. Un animal constantemente agredido se adapta sometiéndose siempre y se encuentra siempre estresado, en la parte inferior de su escala social. Y un animal que nunca ha sido agredido en su primera infancia ataca a la menor ocasión y acaba encontrándose solo, mal socializado, en la periferia del grupo. Uno está en la parte inferior de la escala porque ha adquirido una capacidad para la sumisión, el otro está en la periferia del grupo debido a su incapacidad para participar en los rituales de interacciones.

En los mamíferos, el terror tiene un efecto educativo. Una cría atemorizada por un suceso desconocido se sobresalta y se refugia en el cuerpo de su madre, a la que se apega porque le da seguridad. Ese fenómeno explica por qué las crías de gato y de tigre alimentadas con biberón por un sustituto materno humano se convierten en adultos muy agresivos. Actualmente, los animales huérfanos ya no son criados por mujeres u hombres enternecidos, sino que son confiados a gatas o a perras.[24] Cuando la cría se deja llevar por su entusiasmo y mordisquea con demasiada fuerza a su madre adoptiva, esta responde con una amenaza sonora, un escupitajo amenazador o un empujón. La cría, rechazada pero no traumatizada, se pone a jugar de nuevo, tras haber adquirido un límite: aprende que no puede permitírselo todo. Una madre agresiva destruiría a su hijo, pero una madre descuidada que no impusiera ningún freno conductual lo socializaría mal. Los compañeros participan en la creación de esta inhibición emocional a menudo de forma más radical que la madre, que se contenta con provocar un sobresalto emocional, mientras que los compañeros —juegos de manos, juegos de villanos— la imponen a base de auténticas peleas.

Una cría de tigre no es un humano pequeño y, sin embargo, compartimos el mismo cerebro arcaico de las funciones de supervivencia (comer, beber, dormir, defenderse y reproducirse), compartimos las mismas sustancias de alarma o de sosiego, pasamos por las mismas situaciones de apego que nos dinamizan o de desesperación que nos abaten. El efecto heurístico de la etología animal, a través de sus hipótesis y de sus métodos, nos permite comprender mejor lo que ocurre con los seres humanos. Una privación sensorial precoz, un nicho empobrecido por el abandono o la depresión materna, al estimular poco las neuronas de la base del cerebro del niño, provocan una atrofia frontal y una caída de la producción de oxitocina.[25] El pequeño ser vivo que se desarrolla en un medio así pierde el placer de vivir facilitado por la oxitocina y evoluciona hacia la indiferencia afectiva.

Se han realizado experimentos con otros mamíferos, por ejemplo con ratas genéticamente sanas y bien protegidas por las interacciones precoces, a las que se ha expuesto repetidamente a una situación de «derrota social».[26] En cada competición, en cada exploración, el experimentador provoca un fracaso. Luego inyecta en la pata de todas las ratas una pequeña dosis de Formalin, una sustancia que provoca una sensación desagradable. Las ratas que durante el proceso de su desarrollo han adquirido confianza gracias a sus frecuentes victorias reaccionan a esta inyección sacudiendo la pata cuatro o cinco veces, luego reanudan su vida de rata como si no hubiera pasado nada. Mientras que las que han vivido situaciones repetidas de derrota social sacuden la pata entre quince y veinte veces y reanudan una vida ralentizada con menos exploraciones, menos relaciones y menos búsquedas de alimentos, como si estuvieran traumatizadas.

¿Puede decirse que un animal sano al que la vida inflige repetidas derrotas acaba volviéndose hiperálgico? Una misma cantidad de sustancia provoca menos dolor en un animal que anteriormente ha sido protegido y fortalecido, y más sufrimiento cuando ha sido rebajado. Avala esta hipótesis la proporción de colecistoquinina (CCK) que aumenta notablemente en todos los seres vivos en situación de pérdida o de inseguridad.[27] De modo que una misma información puede provocar reacciones de intensidad diferente según los acontecimientos que el sujeto haya vivido antes de la prueba. En aquellos que antes habían estado bien atendidos, se recupera con rapidez la vitalidad después de un trauma, ya que el organismo ha adquirido un valioso factor de resiliencia. El mismo hecho herirá profundamente, en cambio, a los que han perdido el placer de vivir debido a un aislamiento prolongado. Y el que ha experimentado muchos fracasos relacionales habrá adquirido una sensación de «sí mismo-rebajado». Esta percepción de sí le lleva a reaccionar con una hiperalgia ante cualquier información: el mundo ha adquirido para él un sabor a dolor.

La convergencia de todos estos factores de vulnerabilidad explica el sufrimiento de los cabezas de turco. Si un ser vivo, animal o humano, es genéticamente un pequeño transportador de serotonina, si esta tendencia a la hipersensibilidad se ve agravada por la desgracia del cuidador, si las circunstancias adversas lo colocan en situación de derrota social repetida, el menor acontecimiento resultará doloroso. En un organismo que se ha vuelto tan frágil por exceso de sensibilidad genética, por una pérdida afectiva o por inseguridad relacional, cualquier señal aumenta la CCK (colecistoquinina), que tiene en el córtex prefrontal un ávido receptor.[28] Sabemos que esta zona del cerebro es el soporte neurológico de la anticipación, puesto que una alteración, un absceso o un tumor suprimen la capacidad de proyectarse hacia delante. Por consiguiente, la pequeña estimulación prefrontal por la CCK provoca una agitación anticipatoria que en el hombre podríamos llamar «miedo al futuro» o incluso «angustia de muerte». Una alteración relacional duradera, al aumentar la secreción de CCK, estimula el lóbulo prefrontal y provoca una representación de alarma: «Siento que va a ocurrir algo». Un niño que se desarrolla de este modo aprende a percibir cualquier relación como la perspectiva de un peligro, un hipersigno insoportable, una representación de vacío angustioso contra el que se defiende mediante una reacción de evitación. Podemos llamar «timidez», «temor» o «vergüenza» a ese estilo de reacción emocional que empuja a un niño a querer «meterse bajo tierra» y explica por qué los vergonzosos se aíslan ellos mismos, provocando con ello una patología de la soledad. Lo llamaremos más bien «protovergüenza» porque, en este estadio de su desarrollo, la emoción todavía no está provocada por un relato.

Función socializante del sufrimiento físico

Existe, por tanto, una función socializante del sufrimiento: tanto si es físico como relacional, se activa la misma zona del cerebro (área cingular anterior) y envía al cuerpo informaciones desagradables que modifican las reacciones biológicas.[29] Un ser vivo sensible, con carencias afectivas o desvalorizado por sus repetidos fracasos relacionales, acaba percibiendo toda relación como un sufrimiento. Huye ante cualquier confrontación, se esconde, se inmoviliza o ataca por temor, de modo que rápidamente se halla convertido en cabeza de turco, en la parte inferior de la escala social o fuera del grupo.

Los hombres que han constatado el efecto socializante del dolor lo han convertido en un arma educativa. Han adiestrado a algunos animales y luego, postulando que los niños no educados se convertirían en bestias salvajes, les han pegado para educarlos mejor. Las niñas han sido víctimas de otro prejuicio: puesto que si no se educan acabarían prostituyéndose, basta lograr que se avergüencen de su sexo para someterlas mejor y relegarlas a un papel secundario en la pareja y en el grupo. El orden social se ha construido durante mucho tiempo en torno al sufrimiento y a la vergüenza, hasta tal punto es eficaz el efecto coercitivo de estas armas.

El pensamiento automático consiste en decir que, puesto que los niños golpeados y las niñas avergonzadas acaban ocupando el lugar subalterno que se les pretende atribuir, basta con suprimir el dolor y la vergüenza para que se desarrollen plenamente y sean felices.

Hemos visto que un niño sin miedo no tiene necesidad de apegarse.[30] Cuando el medio es estable, todo va bien, pero en caso de estrés el niño no habrá aprendido a protegerse. Esta hiperprotección le ha hecho vulnerable. En efecto, para hacer desgraciado a un niño basta agredirle de forma repetida o privarle de la base de seguridad. Esto no quiere decir que, para hacerle feliz, sea suficiente suprimir cualquier causa de terror, puesto que se refuerza cuando aprende a superar una alarma gracias a la presencia de una figura familiar. Cuando el vínculo protector devuelve al niño el dominio de sí mismo, se siente fuerte y tranquilo: ha obtenido del vínculo con otro la fuerza para protegerse.

La hiperprotección euforizante comporta un fuerte aumento de las secreciones opioides. Un animal joven al que se inyectan opiáceos acaba por no explorar y no participar en las interacciones sociales.[31] Una cría de tigre alimentada con biberón y rodeada constantemente de seres humanos encantados con la belleza y la gracia del pequeño felino se encuentra en circunstancias análogas. Esta situación estimula tanto la secreción de sus opiáceos endógenos que ya no necesita conquistar el espacio ni familiarizarse con otro. Como se siente autosuficiente, no adquiere ni la sensación de límite que proporcionan las peleas entre jóvenes, ni los rituales de interacción que permiten la socialización. A la menor frustración, ¡ataca!

Efecto desocializante del sufrimiento moral

En los seres humanos, el malestar que se siente en el cuerpo y los cambios metabólicos que provocan estas situaciones pueden ser desencadenados tanto por un estímulo físico doloroso como por una representación mental desgarradora.[32] ¿Cómo han llegado los verdugos a esta convicción? «Torturar no es simplemente hacer daño. Es infligir una representación que hará que el dolor físico sea duradero.»[33] Los torturadores no tardaron en descubrir que una descarga eléctrica en los órganos genitales de un hombre podía hacerle sufrir. Aumentaron su sufrimiento diciendo: «Después del shock, nunca volverás a ser un hombre». La espera aumenta la percepción del dolor y el significado del shock la hace durar. Después de la descarga torturadora, la víctima piensa: «A partir de este momento, una parte de mi vida de hombre ha muerto». Tras haber sufrido la descarga, padece una representación duradera.

Cuando los iraquíes eran torturados, se les vendaba los ojos, ya que el verdugo sabía que «el dolor es peor a oscuras».[34] La mujer espera continuamente un sufrimiento que llegará, no sabe de dónde. Se vuelve hiperatenta al ruido de los pasos, al calor de los cuerpos y a las voces que se graban en su memoria. Una prisionera, tras haber sido declarada inocente, regresa a su casa, pero no puede sentirse libre porque todas las noches, cuando suena el teléfono, solamente oye: «Soy yo». La voz del verdugo sin rostro basta para alimentar la espera ansiosa. Descuelga el teléfono, pero es demasiado tarde: el mal está grabado en su memoria. Su cuerpo ha aprendido a sufrir por una evocación.

Todos hemos sufrido físicamente; sin embargo, nunca decimos que hemos sido torturados, porque en este dolor natural no había una labor de deshumanización. Es un accidente que nos ha hecho mucho daño, pero no es un intento de destrucción de la personalidad. Cualquier torturado es un superviviente humillado, parcialmente muerto, al que se ha amputado una parte muy grande de su condición humana, un resucitado deshumanizado, un fantasma de sí mismo. Orinar sobre el Corán, hacer pasar hambre a un musulmán y no darle de comer más que carne de cerdo es grabar en su memoria una representación avergonzada de sí mismo: «He cometido el mayor de los crímenes, he permitido que mancharan el Corán sin decir palabra y, para no morir, he infringido la ley y he comido cerdo. Soy un subhombre, he perdido la dignidad de ser un buen musulmán».

Muchos torturados aceptan humillarse para evitar la repetición de la descarga eléctrica. Suplican, se hacen sus necesidades encima y a veces hasta intentan seducir al agresor, no sin antes agradecerle haberles perdonado. Sienten entonces un sentimiento de gratitud hacia el que les ha degradado, «les ha puesto por debajo del nivel del suelo». Si sobreviven a esto, vuelven a la vida con una representación de sí mismos en la memoria terriblemente deteriorada: «He sido cómplice de mi humillación». La víctima se siente culpable de haber transgredido (he comido cerdo) y avergonzada de haber intentado complacer al torturador (me he rebajado). Las condiciones de la tortura han plantado en el alma de la víctima un sentimiento de vergüenza, una imagen de sí degradada con la que a partir de ahora tendrá que vivir. Cada vez que la mujer torturada tenga que implicarse en una relación cotidiana, la imagen que se hace de sí misma despertará el sentimiento de estar manchada y desvalorizada. La expresión de esta emoción adopta la forma de una mirada huidiza, de una cabeza gacha o de un balbuceo. El perfil conductual del avergonzado es una reacción a la imagen de sí mismo que otro ha desgarrado.

A partir de este acontecimiento, el mundo íntimo se ve invadido por el sufrimiento. Cualquier percepción lo provoca, cualquier contacto despierta el sentimiento de valer menos que la persona con la que nos relacionamos. Para disminuir el sufrimiento, hay que evitar el cara a cara y, si es posible, hasta evitar pensar en ello. De este modo, se sufre menos en el presente, pero unos meses más tarde la soledad antiálgica provoca una desesperación cercana a la depresión. Sin contexto relacional para apoyarnos, sin ningún sentido que dar a nuestros días, la vergüenza que las circunstancias han sembrado en nosotros destruye los principales factores de resiliencia. De modo que nos dedicamos a rumiar, actitud que llena el vacío que la evitación había organizado para protegernos de las relaciones compasivas. Se crea así un proceso de revisión incesante de las razones de sentirse mal, que aviva las percepciones y las hace físicamente dolorosas.[35] El beneficio inmediato de la evitación de la vergüenza ha puesto en marcha el maleficio duradero de la cavilación continua. «Solo pienso en esto, ¿por qué él me avergüenza cuando estoy a su lado? ¿Por qué ella me humilla riendo en mi presencia?» Esta reacción interpretativa, como un momento de paranoia, preserva un poco la autoestima haciendo al otro responsable de nuestro injusto sufrimiento. Pero esta legítima defensa provoca la caída: un hombre nos ha deshumanizado torturándonos, nos ha rebajado. Para evitar el tormento del cara a cara, nos hemos aislado y la cavilación ha alimentado el recuerdo doloroso. A veces la indignación preserva la autoestima y la cólera nos da valor para explotar: «¿Por qué tanta arrogancia, tanta injusticia, tanto desprecio? ¡No soy tan despreciable como creéis!». La rebelión provoca una reacción de dignidad instalando en el alma del herido el valor que da el odio.

Una vez caído del todo, el avergonzado ha adquirido el miedo a ser feliz. No debe sorprenderos esta frase, ya que también vosotros sentiríais vergüenza de sentir felicidad ante la muerte de vuestra madre. Y, sin embargo, a veces ocurre. La muerte de una madre maltratadora provoca más bien la nostalgia de un afecto frustrado, mientras que la muerte de una madre enferma de Alzheimer produce a la vez tristeza por la pérdida afectiva y alegría por la libertad recuperada. Este consuelo inconfesable suscita la vergüenza de ser feliz. Las condiciones modernas de la muerte lenta y retrasada de las personas mayores han transformado el trabajo del duelo en trabajo de muerte. Cuando la inevitable pérdida de un ser querido nos hiere, sentimos una pena dolorosa a la vez que una alegría vergonzosa.

Algo parecido ocurre cuando uno ha sido torturado y deshumanizado: «Mi sufrimiento me permite evaluar el crimen del torturador. Si, por desgracia, vuelvo a ser feliz como si nada hubiera pasado, si olvido, si lo supero, le doy a la tortura el significado de un simple atropello que disculpa al agresor. ¡Ni hablar! He de sufrir y mostrar mi sufrimiento, necesito estar mal para acusar al agresor y amenazar a ese cabrón. La intensidad de mi sufrimiento se convierte en el baremo de su crimen».

Los avatares del sufrimiento moral

Se cita a menudo a Primo Levi como ejemplo de resiliencia, pero no me parece convincente. De naturaleza tímida, apegado a su casa familiar de Turín como un molusco a su roca, alimentando en su memoria el horror del pasado para poder testimoniarlo mejor, se había vuelto revanchista: «Es difícil destruir a un hombre... pero lo habéis conseguido, alemanes».[36] Sin embargo, había encontrado en Auschwitz el factor de protección clásico del refugio en la fantasía. «Cuando vuelva, mi familia me recibirá y haremos una calurosa comida de fiesta y les explicaré.» Esa ensoñación en la que se refugiaba de vez en cuando para protegerse del sufrimiento real le proporcionaba momentos de felicidad imaginaria. Y luego llegó ese día. Tras la liberación del campo, su familia le acogió y, en una calurosa comida de reencuentro, Primo Levi aportó su testimonio. Como había hecho en sus sueños, lo explicó. Entonces «un mundo de hielo se cerró sobre mí».[37] Las personas que amaba se callaron, agacharon la cabeza y evitaron su mirada terriblemente avergonzados por el horror de los relatos que les arrojaba en pleno rostro. «Mi hermana me mira, se levanta y se marcha sin decir palabra.»[38] El superviviente, al dar testimonio, acababa de congelar los vínculos. Se callaron, abandonaron la mesa, se encontró solo, con un horror en su memoria que no podía compartir. Su libro fue un fracaso, tanto en Italia como en Francia. Nadie quería escuchar esta carga. La euforia de la Liberación y de la reconciliación nacional imponía silencio a los que habían regresado. Varios decenios más tarde, su libro se traduciría finalmente en Alemania. Levi tenía un sentimiento de revancha, «como un revólver apuntando a la cabeza de los alemanes». Esta frase revela que había vivido los años de la posguerra con la amargura de sus revelaciones mal aceptadas. Se negaron a escucharle porque su testimonio estropeaba la euforia de la paz recuperada. Prisionero del pasado, pese a su deseo de seguir adelante, había estado alimentando continuamente la pesadilla. Su proceso de resiliencia empezó mal.

El tiempo lo cura todo. Lo que acabo de escribir es completamente falso. Si, como dice el tópico: «Todo pasa con el tiempo», es porque el tiempo da a los allegados la posibilidad de apoyar al herido. El estudio experimental de una situación natural permite precisar esta observación.

El parto provoca un dolor inevitable, aunque hoy en día la preparación psicológica y a veces los medicamentos permiten que las mujeres ya no enloquezcan. Disponemos, pues, de una especie de estudio natural en el que se puede observar que la percepción del dolor en el momento del trance es distinta a la representación del dolor pasado.[39] El experimentador pide a las parturientas que evalúen la intensidad del dolor a fin de juzgar, según él, la eficacia de un analgésico. La evaluación se hace inmediatamente después del parto, al día siguiente, cinco días más tarde y, por último, al cabo de tres meses. La respuesta es clara: la puntuación del dolor disminuye con el tiempo. Esta curva descendente aparece con regularidad, independientemente del analgésico utilizado y del número de embarazos. Lo que significa que la representación del dolor se atenúa con el tiempo.

Recuerdo a una mujer joven que gritaba de dolor durante las contracciones. Suplicaba a las comadronas que detuvieran la tortura porque quería volver a su casa. Unas horas después, repuesta, maquillada, rodeada de su marido y de sus padres, afirmaba sonriente que todo había ido bien ¡y que no había sufrido!

¿Cómo interpretar esta disonancia? Podemos pensar: «Yo la he visto sufrir, por tanto lo que pretende es salvar las apariencias delante de su familia». Podemos decir: «Fingía el dolor para que le hiciesen caso». Para interpretar este resultado, hubo que hacer un trabajo comparativo. Se utilizó el mismo método de evaluación del dolor después de una punción lumbar: ¡la curva no descendía!

Tres meses más tarde, los enfermos evaluaban el dolor como el primer día.[40] ¿Cómo se entiende que el recuerdo del dolor siga siendo intenso después de una punción lumbar y en cambio descienda después de un parto? El mago que provoca la metamorfosis de la representación del dolor se llama «bebé». La emoción del marido, la presencia de los padres, las felicitaciones de los amigos han modificado el envoltorio afectivo de la madre dolorida aún. Y, sobre todo, la presencia del bebé, las interacciones constantes, el placer, la «locura amorosa de los cien primeros días» de la que habla Winnicott, han dado sentido al sufrimiento. Apoyo y sentido, las dos palabras clave de la resiliencia entran en funcionamiento. La representación del dolor se difumina. La vida sigue, enriquecida por el éxito del parto, el afecto del entorno y el sentido dado por el pequeño mago: ¡merecía la pena!

Para Primo Levi no merecía la pena. Vergüenza. Vergüenza de haber bebido un vaso de agua delante de Raphaele sin compartirlo. Vergüenza de haber sobrevivido gracias a su cobardía. «El sentimiento de culpa queda relegado a un segundo plano para resurgir después de la Liberación.»[41] La dificultad para lograr que le escucharan después de la guerra, la obligación de dar testimonio constantemente y, sobre todo, la aparición del negacionismo le desorientaron. «Todo se reducía a poner cara de escuchar... cosa que, a fin de cuentas, no cambia para nada el resultado.»[42] El 11 de abril de 1987, tras cuarenta años de doloroso combate, Primo Levi se arrojó por el hueco de la escalera del tercer piso de la casa familiar.

La vergüenza, el retorno del pasado alimentado por su obligación de testimoniar, la aparición del negacionismo que descalificaba el sentido de sus esfuerzos —«Esto no cambia para nada el resultado... no sirve de nada testimoniar»— impidieron el descenso de la curva de su sufrimiento. El tiempo no había arreglado las cosas.

Podemos comprender esta caída gracias a los experimentos sobre el fenómeno de la huella.[43] Cuando una figura de apego, una base de seguridad se ha impregnado en la memoria de un sujeto y cuando, más tarde, se produce un hecho destructor, intenta en primer lugar protegerse y solo después se analiza al agresor a fin de dominarlo y resolver el problema. En la representación de esta prueba, estamos orgullosos de la victoria. Por el contrario, cuando se ha impregnado un fracaso y el herido no ha interiorizado en su memoria una base de seguridad, el mismo hecho se convierte en un desgarro traumático, una derrota suplementaria. Su imagen íntima se deteriora una vez más.

La etnóloga Germaine Tillion convivió con los bereberes en los años treinta. Aprendió a observar sus costumbres, sus gestos, su vestimenta, sus objetos, sus desplazamientos y, en ese mundo sin palabras, comprendió algo de su psiquismo y de su cultura. Amaba mucho a esas personas que la habían acogido con afecto. Cuando se implicó en la Resistencia con el Musée de l'Homme, fue detenida y deportada a Ravensbrück. Allí, para afrontar la situación de privación de libertad, las humillaciones y el riesgo de muerte, como conservaba en la memoria una base de seguridad que le proporcionaba confianza, realizó el mismo trabajo en el campo. Anotó los desplazamientos, la mímica, los gestos de los SS, y por la noche, en las barracas, explicaba a sus compañeras de cautiverio lo que acababa de observar. Geneviève de Gaulle, también prisionera, contaba hasta qué punto esas reuniones la ayudaron a resistir.[44] Esas citas cotidianas constituían un momento de amistad en un contexto terrorífico. El sentido que daban a los hechos las observaciones de Germaine Tillion permitía a esas mujeres dejar de estar sometidas a su condición de prisioneras. «Sabemos lo que hay que hacer, estamos menos aplastadas por su fuerza.» Inmediatamente después de la guerra, estas dos mujeres heridas, pero no destruidas, se dedicaron al trabajo social. Sus propias magulladuras las habían vuelto altruistas, sensibles a la injusticia y al sufrimiento. La representación de una desgracia pasada inicia una curva descendente cuando se adquiere un compromiso social. Aquellas mujeres nunca sintieron vergüenza de su internamiento.

Cuando la vergüenza se desarrolla en nuestro interior debido a una sensibilidad genética exagerada, a una carencia afectiva precoz o a unos fracasos relacionales repetidos, el vínculo intersubjetivo ya no resiste. Entonces nos aislamos para sufrir menos, actitud que nos impide dar sentido a lo que ha sucedido. Nos exponemos a dejarnos dominar por teorías extremas que aportarían una reacción vital en un desierto de sentido.

«La magia consiste en transformar el sentimiento doloroso otorgándole una nobleza desmesurada.»[45] Alfred de Musset hablaba de «Santa Herida». «Nada engrandece tanto como un gran dolor... los más desesperados son los cantos más hermosos... Y los conozco inmortales que se reducen a un gemido.»[46] La víctima gloriosa encanta su existencia gracias a la Santa Herida.

¿Cómo convertir la vergüenza en una Santa Herida cuando sabemos que no es más que una mancha íntima? Se hace todo lo posible para ocultarla, ya que exponerla a los ojos de la gente no hace más que agravarla. Es difícil convertirla en una obra de arte, un brillante cuadro de epopeya napoleónica, una poesía llena de sangre, una maravillosa desgracia. Por tanto, cuando encontramos a un fabricante de teorías que nos explica que nuestra mancha proviene de otro y que basta combatirla para pasar de la sombra a la luz, nos comprometemos con él, esperando librarnos así de la vergüenza, veneno de nuestra intimidad.

Germaine Tillion, orgullosa de haber superado la prueba de Ravensbrück, fue dueña de su compromiso; Primo Levi, avergonzado de haber sobrevivido a Auschwitz, se comprometió en una carrera de testigo que alimentó su herida, hasta el momento en que el negacionismo transformó su sufrimiento en un sinsentido.

5

Rojo de vergüenza

¿Quién soy yo para el otro?

De pequeños éramos asustadizos. La simple mirada de un adulto desconocido nos asustaba tanto que tratábamos de evitarla tapándonos los ojos. Ha sido necesaria una lenta reconstrucción de nuestra personalidad para que, unos años más tarde, sintamos la misma conmoción bajo su mirada psíquica: «¿Cómo me ve?». Por consiguiente, la idea que nos hacemos del juicio que emite sobre nosotros es lo que desencadena ese sentimiento penoso que llamamos «vergüenza». La agresión ya no es de la misma naturaleza. Antes de que fuéramos capaces de representarnos las representaciones de otro, bastaba ver que nos veía para no soportar la interacción de nuestras miradas. En cuanto percibimos en su cuerpo un indicio minúsculo suficiente para imaginarnos su mundo mental, pensamos: «¿Quién soy yo en su mundo?». Y esta simple pregunta nos hace sentir incómodos.

La capacidad para someternos a la idea que nos hacemos de la idea que otro se hace de nosotros forma parte del proceso intersubjetivo. Durante la adolescencia es cuando más se agudiza esta función. La mirada de otro resulta vital porque compromete nuestra vida futura: «¿Soy deseable? ¿Qué mujer aceptará a un hombre como yo? Mirad mis orejas, son ridículas. Siento vergüenza cuando las miráis. Cuando las oculto me siento menos mal». En esta época la vergüenza se dispara por cualquier cosa.

Con la edad, el sentimiento de vergüenza se va atenuando lentamente. El hecho de aceptar nuestra condición imperfecta nos tranquiliza. ¿Tal vez concedemos menos importancia a la mirada del otro? Dependemos menos de ella, y esto le da menos poder y hace menos necesario el rechazo que nos protege. Al fin y al cabo, resignándonos a lo que somos tampoco nos va tan mal. Finalmente podemos decir quiénes somos (he estado a punto de escribir: «Finalmente podemos *confesar* quiénes somos»). En cuanto sentimos que vamos a ser aceptados, la vergüenza se diluye. El rebajamiento de sí mismo es más fuerte cuando situamos a los otros en la cima.

Este tipo de relación interpersonal provoca una tensión tan grande que puede desgarrar el vínculo... ¡como un traumatismo! Le doy al otro un poder que más tarde le reprocharé, pues su presencia me tortura tanto que me rebajo ante su contacto. E incluso la imagen que me hago de él desgarra la imagen que me hago de mí mismo: ¡tengo vergüenza!

Alguna vez me he sentido despreciado por un político cuya estimación no me esperaba, y este desprecio me ha hecho sonreír. Creo que hasta me daría vergüenza que me declarara su admiración. Para avergonzarme de mí mismo es preciso que sitúe al otro por encima de mí y que espere su estimación. Es preciso que, en mi atribución de creencias, piense que él piensa que soy despreciable y que este pensamiento me dé vergüenza. El avergonzado no sabe que el otro lo ignora o que tal vez incluso lo estima. Sufre por la imagen desgarrada que expone a su propia mirada.

Ahora bien, la adolescencia es la edad en que el sueño de sí está escindido de la realización de sí. La grandeza de las aspiraciones de esta edad con frecuencia está disociada de la mediocridad de la realización del sí adulto que todavía está por hacer. Esta escisión produce una especie de desgarro intrapsíquico que traumatiza al propio sujeto: «Esperaba tanto de mí, me gustaba tanto en mis sueños que, cuando he abierto los ojos, me he visto obligado a descubrir que no había hecho nada por ellos».

Este desgarro intrapsíquico se produce bajo la mirada de otro, incluso cuando está ausente, incluso cuando la vergüenza es muda: «Soñaba que estaba cubierto de diplomas. Mi madre, que tuvo que renunciar a estudiar, se hubiera vuelto loca de alegría. Me habría admirado, nuestro afecto habría sido perfecto». Esta representación edénica choca con la realidad y el avergonzado, cubierto de contusiones, se reprocha: «No he hecho nada para hacer realidad mis sueños... que tal vez son los suyos... ella me ha impuesto sus sueños». Un desgarro intrapsíquico sigue siendo en todo caso un trauma intersubjetivo: «No estoy a la altura de mis ambiciones que tanto habrían satisfecho las suyas. Su amor es un peso para mí. Ella me desprecia porque no soy capaz de realizarme, estoy seguro».

El vínculo se desgarra en una época en que simplemente habría debido modificarse. En este caso, no se ha llevado a cabo la evolución afectiva. Tal vez a causa de la «falla narcisista» de un niño fácil de herir: «Ya de pequeño era muy susceptible. Cualquier cosa le afectaba —dice la madre—. No tenía sentido del humor. Cuando se metían con él, se ponía a llorar. Se lo tomaba todo en serio». Tal vez también porque la rigidez familiar impidió cualquier modificación de las representaciones: «En mi familia se repetía constantemente que mi padre era un monstruo. Yo sentía vergüenza, hasta el día en que descubrí que mi madre se había marchado al nacer yo y que mi padre regresaba temprano del trabajo para ocuparse de mí y lavar mis pañales. Fue al dejar a mi familia cuando pude ver a mi padre de otra manera».

Predicción no es fatalidad

El sentido que se atribuye a las cosas procede de nuestro contexto y de nuestra historia. La connotación afectiva de los acontecimientos proviene, en gran parte, de las reacciones emocionales del entorno. El sentido que el acontecimiento adquiere para nuestros allegados se impregna en el fondo de nuestra intimidad. Los hermanos, la escuela, el barrio, las leyes sociales y los estereotipos culturales constituyen un envoltorio que interviene en la construcción del sentido que damos a las cosas.

La tipología familiar genera una lógica de inserción que mantiene la reproducción familiar.[1] Los niños de los barrios ricos tienen más probabilidades de realizar buenos estudios y de acceder a los puestos directivos que los de los barrios pobres. Un niño que es desgraciado en su casa se aburre en la escuela. Sus malos resultados escolares crean en él un sentimiento de vergüenza que le hace apartarse y agrava su difícil socialización. Pero esta verdad estadística no es una verdad individual, ya que se constatan éxitos paradójicos. A veces niños analfabetos se convierten en brillantes escritores, y de los barrios pobres surgen mentes ilustres. Estos casos plantean los «límites a las investigaciones probabilistas»[2] porque, casi siempre, se trata de una convergencia de factores que provoca un efecto. Los intentos de explicación por una sola causa tienen un cierto aire totalitario.

Este procedimiento de recogida de informaciones permite afirmar que las condiciones de desarrollo de un niño en un entorno precario aumentan la probabilidad de accidentes vulnerabilizantes. Pero también hay que precisar que esta predicción no es una fatalidad. La perspectiva de un desarrollo vulnerable solo es probable si no hacemos nada: ¿quién nos dice que no hagamos nada?

En un entorno precario, en el que apenas se le concede a la persona el derecho a la vida, cabe preguntarse:

- ¿Es más frecuente el riesgo de traumatismo en un medio en el que los derrumbamientos no son raros?
- ¿Hay que adquirir un estilo afectivo especial para desarrollarse en un medio construido como un castillo de naipes?
- ¿Las condiciones para una resiliencia son más difíciles en un medio en el que los tutores son inseguros?[3]

Cuando el *Homo sapiens* apareció sobre la Tierra, hace tres millones de años, la noción misma de precariedad era impensable porque, en aquella época, toda la condición humana era de una precariedad increíble. Es un milagro que el hombre no desapareciera, como lo hizo el 90 por ciento del resto de los seres vivos. Dormíamos en el suelo, nos moríamos de frío y de hambre y se nos comían los animales.

Esta supervivencia incierta mejoró a partir del Neolítico, hace diez mil años, cuando empezamos a dominar la naturaleza. Cada invento técnico hizo que nuestra probabilidad de supervivencia mejorase. En la Edad Media, en Europa, solo el 2 o 3 por ciento de la población tenía la misma esperanza de vida que hoy, pues los aristócratas, los grandes burgueses y algunos eclesiásticos vivían en condiciones estables y confortables. Hasta el siglo XIX en las clases populares moría uno de cada dos niños durante el primer año de vida.[4] Las mujeres traían al mundo el mayor número posible de hijos antes de morir, a una media de edad de treinta y seis años.

Los hombres vivían más tiempo y solían morir entre los cincuenta y los sesenta años. Las aldeas eran devastadas por las guerras, las malas cosechas o las epidemias. En estos contextos de ruina, los niños abandonados morían en masa; no obstante, algunos se agrupaban en pequeñas bandas e intentaban sobrevivir dedicándose a la delincuencia. En estas jaurías de lobos que se ensañaban para no morir, a veces un muchacho abría un comercio, se convertía en un burgués o incluso en médico del rey.[5]

Nosotros somos los descendientes de aquellos resilientes que superaron situaciones de una violencia increíble.[6] Debería haber escrito «de una violencia impensable», porque en una sociedad donde la violencia es la norma, uno no se indigna, simplemente aprieta los dientes. Para que la violencia se convierta en una representación inaceptable, hay que poder contemplar un mundo sin violencia, y eso solamente es posible en algunas sociedades actuales. Para que tengamos conciencia de la noción de precariedad, es necesario que esperemos vivir correctamente, de forma estable y suficientemente confortable.

Sin embargo, el siglo XX no ha estado exento de violencia. La tecnología le ha dado incluso un poder espantoso: las armas, la energía atómica y, sobre todo, la violencia más grande que existe, y también la más insidiosa, la violencia administrativa que, con una simple firma, otorga a un papel el poder de condenar a miles de personas.

La vergüenza en ciertos grupos sociales aislados

Vemos, pues, que surgen sobre el planeta grupos sociales aislados en los que el progreso técnico está al servicio de los seres humanos y otros lugares sin derechos humanos donde únicamente reina la violencia. Hay actualmente más de cincuenta millones de personas desplazadas, de las cuales el 50 por ciento son niños. El 80 por ciento de las víctimas de los cincuenta y nueve conflictos armados actuales son mujeres y niños, ya que los combatientes modernos no llevan uniforme. Atacan, y luego corren a refugiarse en los hospitales o en las escuelas. Para detener a los padres, no hay nada como destruir a sus hijos: dos millones de niños muertos, seis millones de mutilados, doce millones de niños en las calles,[7] sin contar con que prácticamente todos estos pequeños supervivientes conservarán las huellas de lo que han vivido en forma de síndrome postraumático o de trastornos de la personalidad. También encontramos estos grupos sociales aislados en los países ricos, donde el 30 por ciento de los norteamericanos y el 60 por ciento de los sudamericanos sobreviven en condiciones de precariedad comparables a las de los pobres de la Edad Media. En un grupo social aislado tan escaso de recursos que no puede enviar a los niños a la escuela ni pagar la sanidad, la mortalidad de las mujeres es trescientas veces superior a la de los países industrializados.[8]

En nuestro nuevo contexto en el que se acelera la mundialización, la precariedad se percibe con más crudeza porque se puede comparar la salud, la seguridad y las posibilidades de desarrollo personal con las de los países ricos. Cuando todo el mundo es pobre, se tiene menos conciencia de la pobreza, simplemente se cree que la vida es dura. Pero cuando se puede comparar una situación frágil y dolorosa con la pacífica solidez del vecino, se experimenta un sentimiento de injusticia y de rebajamiento. La injusticia es menos penosa porque permite la indignación, la protesta verbal y la manifestación física, mientras que la humillación empuja a la anulación de sí mismo, al apartamiento, a la vergüenza, a la no-lucha... hasta el día en que se produce una explosión emocional que sorprende a todo el mundo. La indignación es una reacción de dignidad, mientras que la humillación nos excluye de las relaciones sociales.

En estos grupos sociales aislados donde los padres están avergonzados, el envoltorio sensorial con que rodean a sus hijos está empobrecido: pocas risas, pocas palabras, pocos acontecimientos, los cuerpos están distantes, menos calurosos, los rostros inmóviles estructuran mal la expresión de las emociones. En ese contexto relacional, los padres con dificultades se convierten en bases de inseguridad adonde los hijos no acuden a recuperarse. Estos padres temerosos se convierten en amedrentadores, estos padres abatidos ya no estimulan en sus hijos el placer de aprender y de explorar. Y como el mundo de los niños forzosamente ha de empezar en el de los padres, basta que se sientan mal con ellos para deducir que ¡están mal a causa de ellos! Una avalancha de dificultades arrastra a muchos individuos de este grupo a una sucesión de traumatismos. La ayuda social, necesaria, se transforma en humillación suplementaria: los jóvenes ven que papá es sermoneado por un educador y que mamá es ayudada por un psicólogo. Tienen la sensación de que sus padres no son fuertes ni competentes. El envoltorio sensorial que rodea a los hijos está empobrecido por las dificultades sociales y psicológicas de sus padres. En esos hogares se habla poco, y se grita mucho cuando no se saben dominar las emociones. El entorno afectivo no es ni tranquilizador ni dinamizador. Por tanto, los niños se protegen manteniéndose a distancia, se sienten mejor entre ellos, en la calle. Inventan un neolenguaje distinto al de los adultos y, al defenderse así, renuncian a la herencia de los mayores. Ahora bien, la transmisión de valores constituye un factor de resiliencia muy eficaz.[9] Cuando una catástrofe social ha provocado una emigración y los jóvenes pueden escuchar los relatos que narran el sufrimiento y la dignidad de sus padres heridos, esos niños se defienden mejor y retoman con más facilidad un nuevo desarrollo. Pero cuando las circunstancias les han privado de los relatos de sus familias, se constata un porcentaje elevado de trastornos traumáticos.

El exilio y la vergüenza

Cuando los indios mayas fueron expulsados de Guatemala en 1980 por el general Ríos Montt, un grupo se refugió cerca de México, mientras que otro grupo se dirigió hacia el Yucatán. Unos años más tarde, gracias a la presión de las intervenciones internacionales, regresaron a sus tierras. Las reacciones colectivas al traumatismo fueron distintas en cada colectividad.[10] El grupo del sur que había podido instalarse cerca de la frontera conservó los vínculos con los ancianos. En esta colectividad desarraigada, el mantenimiento de los ritos facilitaba el sostén afectivo. Se reunían para rezar, bailar y compartir algunas comidas. Daban sentido al exilio narrando continuamente los mitos mayas y las historias de familia. Cuando estos indios regresaron a su país, recuperaron su cultura con facilidad: seguía siendo una cultura maya, aunque había evolucionado. Se añadía el exilio, la persecución por parte de los militares, se explicaba la sabiduría de los ancianos y el valor de los jóvenes. Esta representación de sí en su comunidad constituía una especie de base de seguridad narrativa donde los individuos recuperaban sus fuentes y preservaban su dignidad. Cuando la política les dio la oportunidad de volver a vivir, empezaron de nuevo alegremente, con orgullo. El mito maya simplemente había añadido un capítulo a su epopeya.

El grupo del norte, por su parte, cortó sus raíces. Aislados en zonas de acogida, sin posibilidad de relación, esos indios sobrevivían día tras día, sin ritos para reunirse ni mitos para dar sentido a su derrumbamiento. Cuando regresaron a su país, esos hombres desculturizados eran seres derrotados, amargados y de pronta respuesta agresiva. En este grupo, el número de trastornos postraumáticos fue elevado porque cada individuo, mal apoyado en su vida comunitaria, había perdido todo sentido: ¿qué razón había para vivir juntos?

Las condiciones del trauma, al desculturizar al grupo, lo habían convertido en un conjunto de víctimas y no ya en una comunidad. La tradición y los valores transmitidos por la cultura componen un puntal narrativo, una representación coherente de sí entre los suyos, un valioso factor de resiliencia.

Pero aun cuando se hayan cortado las raíces no todo está perdido. Un grupo traumatizado puede volver a vivir si recompone un nuevo mito con los restos del antiguo. Un pueblo de indios del norte de Lima fue expulsado de la cordillera de los Andes por los guerrilleros del Sendero Luminoso. Los primeros que llegaron se instalaron en los suburbios cercanos a la ciudad y a sus servicios, mientras que los últimos en llegar tuvieron que instalarse en un terreno pedregoso, lejos de la ciudad. No obstante, este grupo no padece síndromes postraumáticos. Pese a su increíble pobreza, esos indios inventaron una nueva cultura. Los hombres que eran buenos agricultores, empujando rejas de arado de madera por las empinadas pendientes de los Andes, se convirtieron en albañiles. Duermen en el suelo, en las obras alejadas, con su ropa de trabajo mojada aún de sudor, y van a clase por la noche para llegar a ser funcionarios. Entregan todo el dinero a las mujeres que son las que hacen funcionar el poblado. Ellas organizan la escuela, la educación, la vigilancia de los niños, los cuidados, la aplicación de las leyes y la organización de las festividades que, todas las noches, reúnen a los aldeanos. Los niños participan en la invención de su nueva cultura: van a buscar el agua, reparten la Coca-Cola en vasos de plástico, exponen sus dibujos y cuentan sus penas. No hay vergüenza ni amargura en esta comunidad de pobres. Mucho trabajo, solidaridad, fiestas y reuniones para debatir los problemas que afectan de vez en cuando al grupo.

Las tres comunidades de indios perseguidos, pobres, exiliados, expulsados de su cultura de origen, mal acogidos por los países que los alojan, tuvieron evoluciones distintas. El grupo de los indios mayas expulsados lejos de su país natal, roto y humillado, jamás se recuperó de la deportación.

El segundo grupo maya que recuperó su cultura de origen la hizo evolucionar integrando en sus relatos el traumatismo del exilio.

En cuanto a los indios de Lima, arrancados de sus raíces, no tuvieron más remedio que inventar una nueva manera de vivir en comunidad. Ese viraje cultural, tan importante como una revolución que obliga a replantearlo todo, probablemente triunfó gracias a una estructura de acogida que, respetando sus orígenes, les hizo descubrir la cultura peruana.[11]

Todas estas comunidades sufrieron mucho, pero no fueron las dificultades lo que traumatizó de forma duradera a uno de esos grupos, sino la falta de sentido de la nueva existencia y la disolución de los vínculos. Estas gentes eran increíblemente pobres, pero no fue la pobreza lo que humilló al grupo, sino la desculturación, la ausencia de relatos para representar a la colectividad y la falta de organizaciones rituales para tejer la afectividad.

Anomia y megalópolis

En las sociedades industriales es fácil observar esta disolución de los vínculos y esta falta de sentido de los hechos. Los admirables avances tecnológicos hacen menos necesarias las relaciones cara a cara. La mejora de las comunicaciones fragmenta las relaciones y las hace puntuales. En la época del trueque, algunos campesinos provenzales se unían para fabricar barras de hielo. Las depositaban en grutas frescas y luego, a las tres de la madrugada, un pequeño grupo ayudado por los niños las cargaba en asnos para «bajar» a venderlas a los comerciantes de Sanary. Hoy en día, basta tocar una pantalla para que, unas horas más tarde, te las entregue un repartidor. ¡Qué fantástico progreso en la comunicación! ¡Qué pobreza en la relación!

Pronto habrá sobre la faz de la Tierra veintiuna megalópolis de más de veinte millones de habitantes. ¿Cómo es posible relacionarse en estas aglomeraciones? Lo único que se puede hacer es cruzarse o chocar. Para construir un ritual, hacen falta reuniones, acuerdos de gestos, ofrendas y palabras que permitan identificarse.

La falta de proyectos que compartir y de fiestas que organizar convierte estos grupos en anómicos. En ese tipo de contextos, el clan ofrece una mejora aparente: se produce una jerarquización, una coordinación de cara a un objetivo, pero rápidamente se descubre que toda esta organización está consagrada al beneficio del jefe y de sus lugartenientes. Demasiado tarde, ¡ya están sometidos! Cuando un clan funciona bien, la muerte de los extranjeros o su sufrimiento no tiene ninguna importancia, lo que significa que en ese mundo sin alteridad un individuo no perverso es pervertido por la estructura del clan. En el interior del clan, todos se conocen, saben lo que valen, rivalizan por complacer al jefe. Fuera del clan, el otro no es una persona, es una sombra, un títere o una hormiga, si lo prefieren. En esta cultura, se deja sufrir al otro sin sentir vergüenza, se le aplasta sin sentirse culpable.

Si no hay grupo, hay anomia, pero un grupo cerrado constituye un clan. Cuando una asamblea humana está correctamente estructurada, bien gobernada y abierta al cambio, puede ser un punto de apoyo para el desamparo de los individuos que la componen.[12]

En este sentido, la inmigración es una oportunidad social: entre la anomia que provoca la violencia en el interior de una masa de individuos y el clan que utiliza la violencia para imponer su ley, la llegada de nuevos brazos y de una nueva concepción de la vida en sociedad permite el cambio.

En Francia, en el siglo XIX, se hablaba de los emigrados del interior, los bretones, los que procedían de Morvan o los carboneros de Auvernia que hablaban mal el francés y tenían extrañas costumbres. En 1975 había un millón de inmigrantes procedentes de otros países. Se decía que sus hijos eran enfermizos, estudiantes fracasados y a menudo delincuentes. Hasta que unas investigaciones mejor organizadas permitieron descubrir que bastaba poca cosa —una relación, una institución, un «factor pivote»[13] para cambiar la trayectoria social de estos niños y orientarlos hacia la reconstrucción de sí mismos en el país de acogida. A partir de entonces se vio que las generalizaciones eran exageradas. La inmigración no era ni perfecta ni infernal, sino que las circunstancias de la acogida construían en el alma de cada inmigrante un sentimiento de vergüenza o de orgullo, de abatimiento o de coraje.

La inmigración, ¿suerte o desgracia social?

La edad del niño en el momento de llegar desempeña un papel fundamental en su integración: después de los seis años se siente desarraigado porque ya ha adquirido la lengua, el acento, las costumbres de su país de origen y la impresión de los paisajes. La inmigración obligada (huida, tortura, miseria, desesperación) tiene peor pronóstico que la inmigración elegida, que evoca la gran aventura de un joven que sueña con vivir en un hermoso país lejano. Las dificultades psicológicas anteriores a la inmigración la hacen más dolorosa. Paradójicamente, las personas que eran felices en su país de origen no tienen dificultades para hallar una forma de vida feliz en el país de acogida.

La alegría de los padres inmigrantes desempeña un papel fundamental en la adaptación y los buenos resultados escolares de sus hijos.[14] Cuando los padres sufren al llegar a ese país desconocido, los niños experimentan la vergüenza de ser hijos de inmigrantes. Y el país de acogida también reacciona según el humor de los inmigrantes. Los griegos, que son más bien alegres, han sido bien acogidos por los alemanes, mientras que los turcos, más depresivos, son rechazados con bastante frecuencia. Cada cultura codifica la manifestación del sufrimiento psíquico: el portugués se esconde para sufrir, se repliega en sí mismo, aprieta los dientes e intenta no importunar a los otros con sus penas; en cambio, el antillano exterioriza sus sentimientos,[15] expresa alegría cuando está alegre y cuando sufre lo manifiesta, grita, bebe, da golpes. Una tipología probablemente superficial dice que los libaneses son tranquilos y los turcos agresivos, que los chinos se integran con rapidez pero están insatisfechos, que los mexicanos se deprimen y que los ingleses son condescendientes. Los estudios demuestran que cada comunidad posee una forma de expresarse que la cultura de acogida acepta de mejor o peor grado.[16]

Estas tipologías cambian según las transacciones entre las dos poblaciones, entre los dos grupos culturales. Los polacos católicos invitados por Francia en los años treinta para trabajar en las minas de carbón se integraron rápidamente a pesar de la brutalidad policial que, al menor incidente, expulsaba a un buen número de ellos. Pocos problemas psicológicos, poca necesidad de asistencia médica, poca delincuencia. Los mineros polacos, después de realizar un trabajo que exigía una gran fuerza física y una resistencia moral excepcional, cogían el acordeón el sábado por la noche e invitaban a los habitantes del barrio a participar en los bailes populares organizados en plena calle. Rivalizaban con los italianos, que preferían la mandolina para cantar la *canzonetta*. Estos mismos grupos de población acogidos en Estados Unidos no pudieron organizar esa solidaridad de esfuerzos y de fiestas, estuvieron aislados en un país donde las relaciones sociales eran duras. Los hombres enfermaron, se hundieron psicológicamente y se organizaron en bandas de delincuentes.

En las mismas culturas de acogida, los judíos polacos tuvieron estrategias de integración distintas. En Francia, después de la guerra, sufrieron a escondidas y frecuentaron con discreción los gabinetes de psicoanálisis. Su bajo índice de delincuencia revelaba probablemente una inmensa inhibición. Un mismo grupo de origen, orientado hacia Estados Unidos, se integró rápidamente sin atención médica o psiquiátrica, y sin delincuencia.

De modo que una misma herida puede dar lugar a transacciones diferentes según la cultura de acogida: animosos y alegres en una cultura cuya solidaridad los conforta, pueden hundirse y convertirse en delincuentes en un contexto que los aísla donde el clan adopta un papel protector.

Un chino que emigre a Estados Unidos llega a una cultura chino-americana organizada desde el siglo XVII. Rodeado de intérpretes y de ayudas sociales, incitado al valor físico sin olvidar sus tradiciones, vivirá una luna de miel y una integración fácil. Así pues, ¿cuál es la causa de esa amargura que manifiestan los emigrantes chinos en todas las culturas? ¿La solidaridad que facilita la integración se convierte quizá en una especie de gran clan que no se abre lo suficiente a la cultura de acogida? Los pocos chinos que llegan actualmente al norte de Europa desembarcan en un mundo totalmente desconocido. No son mal acogidos, pero se sienten desconcertados por el clima, la lengua y los rituales que no entienden. El cambio angustioso los aísla y los vuelve agresivos en la medida en que se sienten agredidos por ese mundo indescifrable.[17] Esto no quiere decir que esa amargura asiática perdure. Hoy en día vemos cómo los jóvenes chinos frecuentan los museos, descubren el arte griego y las óperas italianas, y se ríen en el cine de las mismas cosas que hacen reír a los europeos.

Hay que renunciar a las causalidades lineales. Ya no se puede decir que una población de inmigrantes plantee problemas cuando supera el 10 por ciento. Algunos grupos de extranjeros mejoran la cultura de acogida cuando las transacciones entre las dos poblaciones facilitan su participación en la evolución social. De este modo pueden salvar la cultura que los salva.

Otros grupos se organizan en comunidades aisladas donde los individuos sobreviven como en un clan. Para sobrevivir se someten a un grupo cerrado, fuera del cual no existe humanidad. Los otros no son más que títeres o cucarachas. Esta protección necesaria cuando el grupo es agredido pervierte a los individuos que se defienden de este modo.

La escuela, ¿encierro o liberación?

Cuando la colectividad no necesita esa defensa malsana, la escuela se convierte en la principal vía de integración de los niños. Pero para que adquiera este significado, es preciso que el entorno represente esta institución al niño. Es preciso que la familia transmita al pequeño, por medio de gestos amables, de sonrisas alentadoras y de relatos edificantes, la idea de que esa casa es un lugar importante de la aventura social. Es necesario que los hermanos y los compañeros del barrio reafirmen también esta idea y que la escuela no defraude tales expectativas. Cuando las presiones afectivas, amistosas e intelectuales envuelven al niño, se constata que «los hijos de inmigrantes tienen más éxito que los de las sociedades de acogida».[18]

Entre los niños salvados por la escuela y los que se escapan de la escuela, la diferencia la marca sobre todo la representación familiar. El trabajo de representación realizado por el entorno es el que pone de relieve la escuela. Cuando un padre cuenta su infancia dolorosa y sugiere que con la escuela habría vivido mejor, está indicando a su hijo el lugar de su liberación. Cuando una madre anima al colegial y le acompaña en su aventura, cuando algunas familias hablan de los libros que dan vida a la cultura, la escuela entra en la casa y participa de la vida cotidiana.

Este tipo de hogar es probablemente el más adecuado para participar en una cultura en la que la escuela organiza las nuevas clases sociales. Lo sorprendente es que hay niños que atribuyen «por sí solos» este significado a una institución ignorada o despreciada por la familia. He escrito «por sí solos», como si sobrecatectizaran por sí solos la escuela para otorgarle un poder de liberación. ¡Es digno de verse!

Mi amigo Éric perdió a su familia durante la Segunda Guerra Mundial. Tenía seis años cuando le llevaron al campo con una familia de acogida. Tras muchos años de confusión desesperada y de resultados académicos lamentables, el niño se aferró a dos tutores de resiliencia: la amabilidad de los campesinos y el aliento de monsieur Hubac, el maestro de la escuela. En pocas semanas ese niño embrutecido por la desgracia recuperó la vida psíquica: ¡el lugar de la felicidad era la escuela! Cuando el maestro pidió que le matricularan en el liceo, en una época en que apenas asistían a él el 3 por ciento de los niños, la familia de acogida se quedó sorprendida y encantada por el futuro inesperado que se ofrecía al niño. Quince años más tarde, Éric aprobó el examen para ingresar en una gran escuela y comenzó una brillante carrera de administrador ambiental. Hoy en día se comenta su inteligencia y su capacidad de trabajo. ¿Qué habría sido de él si monsieur Hubac le hubiera ignorado o si su familia de acogida hubiera preferido ponerle a trabajar en el campo, como solía hacerse con los niños del orfanato?

El ejemplo más conocido es el de Albert Camus, que dedicó el premio Nobel a monsieur Louis Germain, el maestro que le inculcó el placer de la lectura. Cuando Camus comunicó la obtención del galardón a su madre, esta le respondió que llevaba el pantalón arrugado y que se lo plancharía. El gran hombre se desnudó. Comprendió que su madre no sabía lo que era el premio Nobel, pero conservó el afecto y la admiración por esa mujer analfabeta que había tenido la lucidez de enviar a su hijo a la escuela, cuando su entorno esperaba que aprendiera un oficio cualquiera.[19] Tahar Ben Jelloun también amó y admiró a su madre analfabeta. La interrogaba con ternura a fin de seguir compartiendo un poco la historia de su vida, antes de que la enfermedad de Alzheimer apagara su mundo íntimo.[20]

Es más difícil comprender cómo ciertos niños catectizan la escuela a pesar de la desaprobación de su entorno. La vida de Mounir no tuvo un buen comienzo. Pasó su infancia en un medio pobre en dinero y en palabras. Se fugó, se metió en broncas y robó, hasta que le apartaron de la familia y le llevaron a un hogar de acogida. ¿Qué ocurrió con este educador que, de repente, convirtió la escuela en el centro de atención? Mounir se convirtió súbitamente en un buen alumno, recuperó el retraso, le enviaron a París para hacer unos cursos preparatorios muy solicitados. Entonces su personalidad ¡se desgarraba! Mounir era guapo, hacía amigos con facilidad, sus resultados académicos eran excelentes, pero su madre le llamaba por teléfono todas las noches para decirle que era un traidor y que solo pensaba en él, que había abandonado a su familia ¡y que ni siquiera había cogido el tren para ir a visitar a su hermano menor que acababa de entrar en prisión! Estas palabras hicieron que Mounir no pudiera volver a concentrarse. Si por desgracia aprobaba el ingreso en una gran escuela, se sentiría un traidor a su familia. ¿Cómo explicarle a su madre el cóctel de bienvenida y las conversaciones elegantes con los directores de grandes empresas? ¿Cómo iba a reaccionar esa mujer, que a partir del quince de cada mes ya no podía ir a la compra? ¿Cómo podía hablarle a su hermano del placer de leer si detestaba a los intelectualoides? Entonces Mounir comenzó a autodestruirse, se vestía mal, se ponía la gorra del revés y caminaba moviendo los hombros, orgulloso de sus orígenes. Si aprobaba el examen, se sentiría avergonzado de abandonar a los suyos y, si fracasaba, se sentiría avergonzado de abandonar sus sueños. En ambos casos, ¡se sentiría despreciable!

El buen alumno no tiene por qué ser un héroe, todo depende del significado que adquiere la escuela para su familia. Muchos inmigrantes consideraban que su única dignidad era ser duros ante la adversidad, valientes y trabajar sin quejarse. Un hombre, un hombre de verdad, acepta cualquier trabajillo y le entrega todo el dinero a su mujer. Se siente orgulloso de su sufrimiento mudo y del bienestar de su familia. Muchos inmigrantes italianos, portugueses o polacos, a pesar de la belleza de sus culturas de origen, consideraban que su nobleza consistía en trabajar duro para su familia. «Solo estudian las chicas y los maricones», decían estos hombres rudos mientras daban patadas a los libros. A pesar de todo, algunos niños estudiaron a escondidas y se convirtieron en profesores de francés... ¡con gran orgullo de su padre! Es tan fácil pasar de la vergüenza al orgullo.

Afectividad y resultados escolares

La inestabilidad de los sentimientos permite escapar de las intenciones inconscientes de las figuras de apego. En Inglaterra, en los años noventa, había dos grupos de antillanos. Unos añoraban las Antillas y vivían sumidos en la nostalgia del clima y de la belleza de su país de origen: sus hijos constituyeron un batallón de deprimidos, malos estudiantes y delincuentes. El otro grupo de antillanos estaba feliz por intentar la aventura en Inglaterra: sus hijos no se deprimieron, aprendieron buenos oficios y salieron adelante.[21] La proximidad afectiva, el apego que permite el contagio de las emociones, proporciona al mundo un sabor que se percibe. Al cambiar según los contextos afectivos, este sabor cambia el significado que se atribuye a los hechos.

A Arièle le sorprende la variación de sus resultados escolares.[22] Era una buena alumna hasta aquella noche de 1942, cuando su padre la despertó para confiarla a dos mujeres que se la llevaron al «depósito de niños de Denfert-Rochereau», en París. En el orfanato estaba a salvo de las redadas antisemitas. Estaba prohibido hablar en los dormitorios. De todos modos, era imposible porque la vecina de cama cambiaba casi cada noche. Arièle no comprendió por qué su padre la había abandonado. Su alma se quedó helada. Ya no sentía el placer de la lectura, ya no tenía fuerzas para defenderse, no se movía, se abandonaba.

Cuando finalmente regresó a la escuela, la maestra suspiró: «¡Otro del orfanato!». Su voz no era amable. Ni siquiera miró a la niña. «No entiendo nada. Pero nada de nada… No me entra nada en la cabeza —decía Arièle—.Vergüenza.Vergüenza de mí, de no comprender…»[23]

En septiembre de 1945, al acabar la guerra, la niña volvió a su escuela, rue de la Folie-Méricourt. La señorita Duval, la maestra, la reconoció y le dijo: «Había treinta y cinco alumnas en la clase. A la vuelta, después de la redada del 16 de julio de 1942, solo quedaban ocho niñas no judías».

Cuando se reunió de nuevo con su padre y recuperó su lugar en la escuela, la vida mental renació en ella. «Curiosamente, desde la primera lección, creo entender… ¿Soy yo?»[24] Inmediatamente, Arièle volvió a ser la primera de la clase.

Muchos niños han pasado por este tipo de experiencias. Buenos alumnos cuando se sienten seguros, su espíritu se paraliza cuando se sienten rechazados. Incluso cuando la agresión no es evidente, tiene un gran poder de destrucción. Un adulto tal vez podría escuchar el suspiro de la maestra: «¡Otro del orfanato!», pero ¿sabría ver que no le está mirando? Para la niña esta no-mirada significa: «Quiero que tú no existas en mi mundo». La fuerza para amar la escuela se adquiere en el entorno afectivo.

La cultura del barrio desempeña un papel importante en la representación de la escuela y en la atribución de su significado. En los barrios dominados por la droga, la delincuencia es una función adaptativa porque permite participar en una operación comercial. En ellos la escuela no adquiere el significado de placer de pensar, de preparación para la vida social o de reparación de la herida social de sus padres. En las favelas de São Paulo, los niños que aceptan tejer un vínculo con un bailarín o un guitarrista para preparar un espectáculo de vecindario recuperan rápidamente el retraso escolar, pero son despreciados por los niños que, en una sola noche, ganan más que el salario mensual de sus padres.[25]

Para estos últimos, la escuela es despreciable, solo el flirteo con la muerte es glorioso. El hecho de amar la muerte les otorga un valor extraordinario y una esperanza de vida breve. ¡Qué más da! En su ignorancia, solo conocen la correlación de fuerzas, son admirados por los otros chicos y adulados por las chicas. No temen a los adultos, ganan mucho dinero y se lo pulen antes de morir.

Estas culturas de barrio provocan la aparición de nuevos fenómenos: ¡la exclusión de los pobres blancos! Desde hace muchas generaciones, los ricos blancos viven en los barrios ricos y asisten a las escuelas que permiten acceder a buenos oficios. En los barrios pobres de los cinturones de las grandes ciudades, se puede constatar desde hace un tiempo que los hijos de los inmigrantes (a menudo de color) se integran mejor que los blancos pobres de esos mismos barrios. El hecho de ser un hijo de inmigrante es un estímulo doloroso, pero es un estímulo que da sentido a la escuela y fuerza al valor, que proporciona el orgullo de sí mismo. Antes de 1970, los armenios y los judíos, independientemente de cuál fuera la cultura de acogida, obtuvieron unos resultados escolares impresionantes, a pesar de las condiciones materiales. Desde 1980, los asiáticos y los antillanos siguen el mismo camino.

Los blancos pobres de estos barrios no tienen las mismas razones para soportar el sufrimiento. El esfuerzo que exige la escuela no tiene el mismo significado para ellos porque han nacido en el país. Sienten como una injusticia la discriminación positiva que entrega a la gente de color el dinero ganado por los blancos de ese país. La solidaridad de los inmigrantes, su alegría a la hora de soportar las pruebas y el éxito escolar de sus hijos añaden una humillación al fracaso intelectual y social de los blancos pobres. De modo que se organizan en bandas muy agresivas, vulgares y despreciativas, creyendo reparar así, por medio de una violencia extrema, la vergüenza de sentirse inferiores, ¡ellos que se creían dominadores!

La inmigración no es un hándicap escolar, al contrario.[26] Muchos intelectuales tuvieron padres pobres y poco cultivados, por los que sintieron gran admiración, como explican Camus y Tahar Ben Jelloun. El principal hándicap escolar es la desculturación de los barrios donde los valores se atribuyen a la violencia arcaica y a la erotización de la muerte. En este contexto, la violencia sufrida y sobre todo la violencia contemplada provocan emociones no controlables que rozan el desgarro traumático. En estas culturas suburbanas, encontramos casi un 20 por ciento de familias monoparentales, en las que la madre, pobre y desbordada, ya no da seguridad a sus hijos. Más del 30 por ciento de los parados de larga duración privan a los niños de la posibilidad de admirar a su padre. La ausencia de rituales culturales, como vestirse para ir al cine con objeto de encontrarse con amigos y prepararse para las tertulias que generalmente siguen a un espectáculo, disminuye la posibilidad de entablar relaciones de amistad. En estos contextos socioculturales, los traumas se suceden en serie.[27] En estos medios desritualizados, la angustia y la depresión son mucho más frecuentes que en los medios pobres pero cultivados.[28]

En un medio donde no hay salvación fuera de la instrucción, el fracaso escolar provoca una vergüenza desesperante. Jean-Luc estaba muerto de vergüenza porque había suspendido el examen de ingreso en una gran escuela. «Soy un mierda», me decía evitando mi mirada. Pero en una cultura donde no hay salvación fuera de la familia, lo que causa vergüenza es no consagrarse a la familia. En la Jouteya de Derb Ghallef, cerca de Casablanca, uno se siente orgulloso cuando se consagra a la familia. No siente vergüenza trabajando en una medina de pobres donde vende objetos de poco valor para dar de comer a la familia. En el terreno incierto de la Jouteya, veinte mil habitantes procedentes de la inmigración interior, llegados de Berrechid o de Deroua, han inventado un urbanismo de hojalata donde se arreglan colchones y donde se venden libros viejos, relojes y pescado. Los hombres y las mujeres que se instalan en este espacio están orgullosos de ofrecer su trabajo a la familia.[29] «He terminado el primer curso de derecho en la Universidad Hassan II y poseo un diploma de contabilidad del Instituto Goethe. Mi padre está enfermo. Tengo cuatro hermanos pequeños y tres hermanas. Soy feliz vendiendo muebles.» También se escucha: «Mi padre me entregó este espacio. Habría sido humillante no aceptarlo. Prefiero trabajar en el zoco antes que en la empresa donde era informático».

En esta forma de socialización no hay excluidos: «Yo era empleado de banca con corbata y diplomas. Me deprimía a menudo. Ahora arreglo neumáticos, tengo amigos, hablo, escucho a los narradores de cuentos, duermo bien».

A unos pocos minutos del zoco, los marroquíes europeizados son ricos e instruidos. El triunfo individual organiza sus proyectos de vida, pero cuando fracasan, se mueren de vergüenza. En la cultura de proximidad del zoco, las personas se tocan, se hablan y se ayudan mutuamente. La noción de éxito adopta otra forma, lo que modifica el sentimiento de vergüenza.

Relatos próximos y sentimientos íntimos

La situación de los niños judíos perseguidos durante la guerra puede ayudarnos a comprender cómo una estructura social puede crear en el alma de un niño un sentimiento de vergüenza o de orgullo.

En menos de tres años, la persecución de los judíos de Europa mató a un 70 por ciento de los adultos y a un 90 por ciento de los niños.[30] Salvo en Francia, donde uno de cada tres adultos (76.000) y uno de cada cuatro niños (11.400) fueron quemados en los hornos de Auschwitz. Paradójicamente, en una cultura antisemita, el uso de la estrella amarilla impactó a los cristianos y provocó un movimiento de solidaridad, de modo que la «banalidad del bien» de los Justos y la resistencia judía organizaron la salvación. Hubo que ocuparse de cuarenta mil niños ocultos hasta el final de la guerra en condiciones desiguales. Una minoría fue explotada y maltratada por miserables, algunos permanecieron con sus padres y la mayoría sobrevivieron en los hogares de generosos campesinos. Para sobrevivir, todos tuvieron que ocultar su origen judío. Esta reacción social fijó en el espíritu de los niños una representación difícil de sí mismos: «Si digo que soy judío, moriré. Si no lo digo, traicionaré». La vergüenza se arraigó en lo más profundo de su alma.

Fueron los relatos los que provocaron este sentimiento: los niños escuchaban un relato exterior que decía que los judíos eran sucios, que solo pensaban en el dinero, que conspiraban para apoderarse del mundo y que había que matar a los niños antes de que tuvieran tiempo de cometer los crímenes que cometen los judíos. Lo que estos niños oían era que, a los ojos de los demás, estaban condenados a una muerte preventiva... ¡si hablaban! De modo que bastaba callarse para vivir. ¡Fácil! Salvo que callándose traicionaban a los que amaban y hablando les arrastrarían a la muerte.

Estas frases a veces eran pronunciadas incluso por las mismas personas que los protegían. Se tejía un vínculo, a la vez tierno y duro, entre los campesinos y los niños ocultos, hasta el día en que el adulto, exasperado por la falta de dinero, explicaba la mala situación económica del país diciendo que «era un nuevo golpe de los judíos». Asustado a veces por la brutalidad del ejército de ocupación, afirmaba que «los judíos eran los causantes de la guerra y que sin ellos ¡todo iría mejor!». En este contexto retórico, el niño no podía argumentar, se sabía demasiado pequeño, condenado a callarse porque no quería agredir a aquel campesino que amaba. Entonces planteaba preguntas irónicas: «Si vieras a un judío, lo reconocerías enseguida, ¿verdad, papi?».[31] Le procuraba cierto placer poner en un apuro a su «papi», le tranquilizaba comprobar que, gracias a su pequeña broma, le bastaba silenciar una parte de sí mismo para estar seguro. Esta victoria relacional se pagaba con una amputación de su personalidad. Su silencio protector le daba vergüenza: «No tengo el valor de ser sincero, de confesarlo todo, no tengo fuerza para decir quién soy. Me da vergüenza que me amen así. No me aman por lo que soy, solo aman lo que muestro de mí: es un amor de fachada».

Esta estrategia relacional, que consiste en sacar a la luz la parte aceptable de uno mismo, permite ocultar la parte peligrosa. En esta escisión de la personalidad, una parte tiene en cuenta la realidad (si hablo, muero), mientras que la otra la niega (tampoco es tan grave). Se puede jugar con la muerte. Incluso se puede hablar para ocultarse detrás de las palabras, basta con contar cuentos.

Es lo que hacen los adultos, hablan de lo que no conocen, recitan las palabras que flotan en el aire sin saber nada de la realidad de ser judío. Durante la guerra, la ley del gobierno de Vichy les había hecho demasiado visibles, ya que tenían que llevar una estrella. Si no la cosían en la ropa, eran arrestados en alguno de los numerosos controles policiales en la calle y en los lugares públicos, tras lo cual desaparecían. Si la llevaban, eran detenidos en su casa por la noche y desaparecían. Para un niño judío, sus padres eran primero demasiado visibles y de repente se volvían invisibles. De modo que debía apegarse a unos padres presentes aunque carentes de seguridad antes de desaparecer. Luego seguía amando a unos padres desaparecidos e imaginados.

Después de la guerra, la sobrecatectización imaginaria de los padres perdidos no facilitó la creación de un vínculo con las familias de acogida. «Si amo a estas personas, estoy traicionando a mis padres desaparecidos», pensaban muchos huérfanos. Y más teniendo en cuenta que en tiempos de paz los judíos seguían siendo visibles e invisibles. La mayoría se habían vuelto laicos después de haber pasado siglos en Francia, algunos redescubrían con sorpresa su origen judío en el momento de ser arrestados, pero todos los supervivientes tuvieron la ocasión de escuchar a un hombre público, como Mendès France, afirmando repentinamente su judeidad y declarando: «Me gusta decir que soy judío, aunque no sé muy bien lo que es ser judío». Con una sola frase, se hacía visible como judío, mientras que antes se le veía simplemente como un hombre político. El tipo de ropa de los ultraortodoxos, el gran sombrero negro, la camisa blanca sin corbata, los rizos delante de las orejas, recientemente reaparecidos, hacían visible de nuevo la afirmación de judaísmo de ese grupo que constituye el 5 por ciento de los trece millones de judíos del planeta.

Los niños que nacen en este medio se apegan a quienes se ocupan de ellos. Aprenden día a día, como una evidencia, la condición judía, la forma de vestirse, de reunirse, de rezar y de entender la existencia. La visibilidad de estos rituales desarrolla en ellos el sentimiento de pertenencia a un grupo de personas a las que aman. La creencia compartida organiza una representación común de un mundo, las relaciones crean las oportunidades reales de tejer vínculos con ocasión de una comida, una salida o las fiestas familiares y religiosas. El orgullo de pertenecer a unos padres vivos, de amarlos y admirarlos, en un contexto cultural que relata la historia y los valores del grupo, proporciona a los niños la confianza en sí mismos y el orgullo.

Los niños ocultos no pudieron adquirir este sentimiento de pertenencia. Pertenecieron a padres muertos cuyas condiciones de desaparición apenas conocían. Ni siquiera podían imaginar cómo habían sido sus últimos días, ya que se protegían mediante la negación del horror insoportable de esa representación. ¿Puede uno imaginarse a su padre y a su madre caminando desnudos hacia el horno? ¡Rápido, pensemos en otra cosa! Tampoco podían escuchar los relatos de su vida antes de morir, no había nadie para contarlos. Solo cabía inventar a sus padres a partir de fragmentos de verdad: una foto aquí, una alusión verbal allá, un recibo de alquiler que prueba que vivieron en esta casa, un objeto entregado por una vecina. En realidad, el discurso de los padres desaparecidos era el discurso público que, durante cuarenta años, explicó que se habían dejado conducir al matadero como corderos. Solo sesenta años más tarde, los historiadores que buscaban en los archivos demostraron que habían combatido en todos los ejércitos antinazis y habían colaborado en todas las resistencias.[32]

La vergüenza como origen

En las familias de acogida y en las instituciones que salvaron a esos niños no se hablaba de estas cosas. Había que volver a vivir, avanzar y, sobre todo, no darle vueltas al pasado. Las condiciones grupales de la negación las crearon los educadores que protegían a los niños, amputándoles una parte valiosa de la representación de sí mismos: «Solo pienso en avanzar, no sé de dónde vengo, no sé cómo se reza en mi familia, ni cuáles son los valores que tengo que respetar para hacer que mis padres muertos me amen. Solo tengo la vergüenza como origen, vergüenza de no ser como los otros, vergüenza de tener una escara en mi origen. ¡Adelante! ¡Adelante! Es la única manera de no sentirse mal. Si quiero volver a vivir, tengo que inventar mi futuro y renegar de mi pasado». Así pensaban los niños ocultos.

Los que tienen la suerte de tener una familia que da seguridad pasan la infancia haciendo declaraciones de amor no verbales: vestirse como conviene para manifestar su orgullo de pertenencia, rezar como sus padres para compartir sus creencias y habitar el mismo mundo mental, celebrar las festividades con los niños del grupo para construir cada día un sentimiento de alegría y de bienestar.

Los niños ocultos tuvieron que mantener secreto su origen judío durante la guerra para no morir. Después de la guerra, tuvieron que ocultar que habían estado ocultos para vivir en la negación. De modo que amaron a sus padres desaparecidos a escondidas. No podían hablar de ellos porque en su nuevo medio nadie había conocido a su familia y se les animaba a no pensar más en ellos. Por consiguiente, aprovechaban el menor indicio para tratar de imaginar a sus padres: «No sé de dónde ha salido esta foto de mi madre. Debieron de encontrarla en un dossier del orfanato. En el dorso escribí cuando tenía siete años "Es la mamá de Joseph". Joseph soy yo, pero no osé escribir "Foto de mi mamá". Me costaba pronunciar esta palabra. Nunca tuve ocasión de aprenderla. Tenía dos años cuando desapareció. Cuando sea mayor, tendré muchas fotos suyas y escribiré muchas palabras a su alrededor».

Joseph escondió la foto garabateada. Encontró en la pared de la granja una piedra que se movía, la despegó, puso la foto en una caja que ocultó detrás de la piedra. Solo él sabía dónde estaba enterrado su tesoro afectivo secreto. Pensaba a menudo en él, a veces iba a mirarlo, pero nunca hablaba de él. Había ocultado este pasaje de su historia para sacar mejor a la luz el que los otros aceptaban. Pero gracias al guión del tesoro enterrado y de la foto cubierta de palabras, Joseph empezaba a aprender su trabajo de director cinematográfico... que es en lo que se convirtió veinte años después.

La elección es simple: los niños ocultos que pasaron la vida escondiéndose enterraron la vergüenza en el fondo de sí mismos.

En cambio, los que tuvieron que llenar el vacío de la desaparición que constituía el origen de su historia se ejercitaron en la creatividad. Transformaron la angustia del abismo en el placer de un enigma por descifrar. Cuando los relatos próximos se interesaron por este misterio, el niño oculto percibió la posibilidad de expresarse y pudo hacer algo con su herida. La transformación en obra de arte de la tumba vacía de los orígenes (novela, película, ensayo) «permite a la víctima pasar del estatus de objeto de maltrato al de sujeto de una obra de fantasía».[33] La metamorfosis de una oruga en mariposa solo es posible si los relatos próximos se interesan en ella.

Cuando, después de la guerra, el entorno verbal utilizaba como tópico de la vida diaria las palabras «judío», «hijo de boche», «maricón», o «negro», la carga afectiva de estas palabras estructuraba una representación que hacía callar a los heridos. No había diálogo posible con un discurso social, brutal y arrogante que hacía callar a los judíos, a los niños nacidos de alemanes, a los homosexuales y a los negros. Un único discurso ocupaba el espacio cultural, el que expresaba un triunfo sarcástico: «Nosotros pertenecemos a la raza de los bien nacidos, ¡no somos judíos! Nuestras mujeres no han practicado la colaboración horizontal, son puras. Nuestra sexualidad es sana y nuestra piel es blanca. Tenemos, por tanto, mil razones para haber ganado la guerra».

La obligación de callar no impide pensar, pero hace imposible compartir experiencias. Cuando un discurso social es tan despreciativo y la persona maltratada no puede rebelarse, en su fuero interno no piensa más que en esto. A menudo acaba descubriendo un modo de expresión culturalmente aceptable: poesía, canción, teatro, novela, ensayo o ironía. La imposición del silencio pasa a ser una imposición al recurso a la obra de arte.

Las circunstancias culturales de la guerra y de la posguerra elaboraron, por tanto, dos discursos opuestos: el discurso de los loros y la cripta de los poetas. El psitacismo, lenguaje de los loros, permite a una persona recitar a gran velocidad palabras que dan la impresión de entender lo que se dice. No es cierto, desde luego, pero la claridad de la recitación refuerza la convicción de los ignorantes. Este procedimiento cultural permite crear la ilusión de la inteligibilidad: yo puedo recitar a toda velocidad una teoría psicológica de la que no entiendo ni una palabra. Pero si, a base de repetirla, acabo recitándola bien, os quedaréis impresionados de mi habilidad. Y yo estaré satisfecho de haberos impresionado.

Los fabricantes de vergüenza y su camuflaje lingüístico

Si me siento mal por haber denunciado a un vecino judío para cobrar una pequeña recompensa en la comisaría,[34] me interesa recitar la teoría del complot judeomasónico para sentirme justificado, en legítima defensa. Si no me siento a gusto con mi sexualidad, el simple hecho de despreciar a los maricones me hará creer que al fin y al cabo no soy tan despreciable. Y si no he hecho nada con mi vida, me basta burlarme de un negro-chimpancé para situarme más alto en la jerarquía de los hombres. Me protejo gracias a este camuflaje lingüístico,[35] y así puedo enmascarar mi triste realidad sin sentirme herido.

En los años de la posguerra, todos los relatos culturales eran así. Para no evocar la imagen insoportable de los civiles muertos en los bombardeos, bastaba hablar de «combatientes enemigos» o de «daños colaterales». Para no ver a la mujer o al niño muertos de un tiro en la cabeza, había que escribir rápidamente un informe administrativo y elaborar curvas de posiciones destruidas. Para evitar las emociones, el lenguaje administrativo se elabora a base de clichés.[36] El lugar común o el estereotipo diluyen la representación del horror. Pero el superviviente se encuentra rodeado de este tipo de relatos que solo protegen a los agresores. El asesino no quiere pensar para no sentirse incómodo y, en cambio, el herido solo piensa en ello, pero no puede hablar. Ni siquiera puede prestar testimonio cuando el entorno incrédulo bromea o relativiza el trauma: «Las mujeres violadas son un poco cómplices, ¿no es cierto? No deja de ser curioso que siempre se persiga a los judíos. ¿Qué hacen para ser perseguidos? ¿Qué hacen las mujeres para ser violadas? Fijaos en lo que ocurre en Tailandia, el primer ministro dice que han sido los judíos los que han provocado la inflación. En cuanto a los negros, con todo el dinero que se les da y no piensan más que en jugar al fútbol y matarse a golpes de machete».

En semejante contexto verbal, la situación para un humillado es clara. Callarse es la solución fácil. Es el medio adaptativo que le permite vivir en esta sociedad anulando una parte de su personalidad. Cuando uno está solo, parece absurdo rebelarse ante la magnitud de un gigantesco estereotipo cultural. A menos que se tenga la posibilidad de expresarse y el talento para convertir la herida en un hecho cultural. Un relato, al principio marginal, puede entonces modificar las representaciones colectivas.

Toda creencia adopta la forma de un sistema de representaciones de imágenes, de palabras, de mitos y de prejuicios que organiza los proyectos de un grupo. Toda creencia es inductora de sentimientos íntimos en los individuos que comparten la misma convicción. El relato que se construye provoca una emoción e implica a todo el mundo. El relato que humilla a los negros y a los homosexuales es un mecanismo verbal que preserva la autoestima de los despreciadores. Pero los negros y los homosexuales que sufren estos relatos están implicados a pesar suyo en las representaciones de los que les atacan. Aceptar o reaccionar: un humillado no siempre dispone de esta libertad. Cuando nacieron los hijos de los boches al final de la Segunda Guerra Mundial, fueron sus padres los que tuvieron que ocultarse. Los niños no podían desarrollarse más que en el hogar trágico donde la vida les había hecho nacer. En cuanto llegaron al mundo, el hundimiento de los nazis los obligó a crecer en medio de la desgracia de sus padres, obligados al secreto para no ser maltratados. Su primer nicho afectivo, a partir de los primeros meses de vida, se extinguió por la vergüenza familiar que estructuraba a su alrededor un origen infamante, una madre amargada, ansiosa, que a veces los rechazaba debido al significado que para ella adquiría el recién nacido: «Por tu culpa estoy en peligro. Siento vergüenza, pues tu presencia revela al mundo lo que los otros llaman colaboración horizontal, soy una puta de los boches». En este contexto de relatos sociales, el amor de una francesa por un soldado alemán tenía el significado de una traición. La madre acosada y el padre no nombrado constituyeron una traba en sus orígenes. Sin derecho a saber, con la vergüenza como origen. Estos niños, antes de ser capaces de hablar, se desarrollaron en un medio afectivo empobrecido por la infelicidad de la madre y el tabú del nombre del padre. En su lugar había una mancha negra, nauseabunda, intocable. Su trabajo de resiliencia fue difícil y tardío. Hubo que esperar a 1990 para que algunos de ellos, los artistas en primer lugar, explicaran el problema de una forma culturalmente imaginable.[37] ¿Son culpables estos niños? ¿Son realmente criminales sus padres? El contexto social evolucionado acepta ahora conceder la palabra a los historiadores que registran los archivos y buscan los testimonios.[38] Su proceso resiliente empezó cincuenta años más tarde, en la misma fecha que el de los niños judíos ocultos.

Los negros y la estrella amarilla

Los negros tienen que afrontar la mirada de los otros y escuchar los relatos que cuentan los no-negros. Es curioso que se establezca una categoría «negros», como si se dijera: «Los que tienen ojos azules aman la música clásica y son trabajadores». El significado que se atribuye al color procede de la historia de las civilizaciones en la época en que los «no-negros» disponían de barcos, armas, tecnologías e ideologías que les otorgaban todos los derechos. No es el color la prueba de inferioridad, es el significado social que el color encarna. Más bien es hermoso tener la piel negra o los ojos azules, pero cuando «negro» quiere decir «subhombre» y cuando «azul» designa a los que se han atribuido el poder de los señores, «piel negra» se convierte en un estigma de inferioridad que expone a los ojos de todos la historia de un descendiente de esclavo o de un hijo de la violación. Es el significado el que crea la vergüenza y no el color negro de la piel de un hombre, que tal vez es descendiente de un príncipe, un hijo del amor o una persona de notables cualidades.

Muchos negros experimentan un sentimiento de vergüenza que la mirada de los otros ha fijado en su interior. Los negros establecen entre ellos una jerarquía de colores negros. Esta imagen desvalorizada de sí mismos es el resultado de una construcción conjunta de relatos entre la persona negra y las otras no-negras o menos negras: «Sufro al verme rebajado en la mirada de los blancos, de modo que compraré productos blanqueantes y romperé el termómetro para coger el mercurio que blanqueará mi piel». Un negro también puede pensar: «Desprecio a los blancos que me desprecian y se lo voy a decir». Al agredir a los agresores, esta legítima defensa arrastra a los humillados a comportarse en espejo. Los negros deciden vivir en una comunidad negra donde se sienten menos negros que en presencia de los blancos. Pero, hoy en día, muchos negros deciden, como Nelson Mandela, modificar la mirada de los blancos mostrando su nobleza: «Mirad mi belleza, mi fuerza, mi generosidad. No reclamo venganza, os voy a explicar lo que me habéis hecho sufrir». «Mostrar sin acusar. La importancia del relato prima sobre el proceso.»[39] En Sudáfrica, tras haber declarado ante la Comisión para la Verdad y la Reconciliación, muchos blancos salen llorando y confiesan: «No era consciente de cuánto les hicimos sufrir». La vergüenza cambia de bando cuando cambian los relatos.

Cuando una mujer dice: «Me siento guapa a los ojos de mi marido», participa de ese juego de espejo emocional en el que cada uno se acopla a la representación del otro, como si dijese: «Me siento deseable porque él me desea. La percepción de un indicio de deseo en su mirada modifica mi propia autopercepción».

Benjamin tenía once años cuando se vio obligado a llevar la estrella de los judíos. Dice: «Me quedaba parado una hora detrás de la puerta antes de atreverme a salir, antes de lanzarme a la calle donde sería odiado, despreciado, insultado, golpeado. La simple mirada de los otros hacia "mí-con-la-estrella" me mataba de vergüenza... Después de la Liberación, quise cambiar de nombre, me hubiera gustado llamarme Dupont, como todo el mundo. Ya no me habría sentido traspasado por la mirada de los otros, habría sido libre».

Muchos judíos, por el contrario, se «endomingaban» para salir. La palabra «endomingarse» ha desaparecido de nuestra cultura, puesto que ahora la gente ya no se viste el domingo con el mejor traje, el sombrero y los guantes blancos. La familia se endomingaba con la estrella, y algunos cristianos, para manifestarles su estima y devolverles su dignidad, se quitaban el sombrero al pasar a su lado.

Un simple signo de tela cosido en la ropa cambia el mundo y acaba con la intrascendencia. Todo se vuelve peligroso. «El doctor Charles Mayer ha sido detenido porque llevaba la estrella demasiado arriba... Una de esas señoras exclamó: "¡Esto prueba realmente su mala fe!".»[40] El doctor Charles Mayer murió, torturado por haber cosido mal la estrella. Hélène Berr, que se cruzaba con él de vez en cuando, se sintió transformada en lo más íntimo de su ser porque su mundo se había transformado. Paseando con un amigo entró en un jardincillo cerca de Notre-Dame y se sentó en un banco para charlar. Apareció el guarda hecho una furia, la insultó y la expulsó del jardín cuyo acceso estaba prohibido a los judíos.

Negros, zoos y hospitales psiquiátricos

A los negros les han ocurrido estas cosas, en Sudáfrica y en Estados Unidos. Tenían que ir de pie, amontonados en la parte trasera del autobús, mientras que algunos blancos ocupaban los asientos delanteros. En los años treinta, en Francia, se metía a familias de negros en los zoos, entre las jirafas y los elefantes.[41] Los niños parisinos, bien educados, iban a ver cómo las mujeres negras, muertas de vergüenza y de desesperación, amamantaban a sus hijos. Hoy en día la vergüenza ya no está en el alma de estas mujeres expuestas en los zoos, ¡sino en la cultura que se atrevió a hacer esto!

¡Todas las culturas se atrevieron! Basta que un hombre se salga de la norma para que los normales lo aplasten con su arrogancia, como si el hecho de ser como todo el mundo legitimara el placer de degradar al que no es como todo el mundo. El poder terrorífico de los loros les concede de vez en cuando un pequeño placer sádico, humillando al loco, al huérfano, al negro, al extranjero o al animal del zoo. Sí, habéis leído bien. Existe un parentesco entre hospital psiquiátrico, el zoo y el negro enjaulado. Cortés, en una carta a Carlos V (1520), describe una casa del señor Moctezuma «donde tenía un muy hermoso jardín con ciertos miradores que salían sobre él, y los mármoles y losas de ellos eran de jaspe». En un cuarto de esta casa «tenía hombres y mujeres y niños blancos de su nacimiento en el rostro y cuerpo y cabellos y cejas y pestañas». En otra había «ciertas salas grandes bajas todas llenas de jaulas grandes... y en todas o en las más había leones, tigres, lobos, zorras...». Y para estos animales había «trescientos hombres que tenían cargo de ellos». En otra casa «tenía muchos hombres y mujeres monstruos, en que había enanos, corcovados y contrahechos... Y también había para estos, personas dedicadas para tener cargo de ellos».[42] La carencia congénita de pigmento para dar color a la piel colocaba a los albinos en la misma condición de extrañeza que aquellos cuya piel es de color negro. En una dictadura de la normalidad, resulta normal meter en una jaula a esos seres extraños: las jirafas, los elefantes, los albinos y las negras.

Muchos príncipes italianos del Renacimiento tenían en su casa de fieras negros, tártaros, moros, y hasta el famoso «niño salvaje de Aveyron» fue alojado en el Jardín Botánico antes de ser acogido por el doctor Itard y educado por su ama de llaves.[43] El circo Barnum en Estados Unidos exhibía conjuntamente osos, tigres y pieles rojas, mientras en Alemania Hagenbeck instalaba en su hermoso parque zoológico grupos de lapones, nubios, calmucos, patagones y hotentotes.

Cuando la normalidad es biológica, nadie escapa a ella, puesto que todo ser humano ha de tener una tasa de azúcar en la sangre de aproximadamente un gramo por litro para no enfermar. Cuando la normalidad es axiológica, todo el mundo escapa a ella puesto que todos tenemos una historia particular que graba en nuestro interior el valor y el significado que atribuimos a lo que vemos. Pero cuando la normalidad es normativa, el conformismo nos somete al jefe y nos hace creer que solo una manera de ser es normal: ¡la suya! (y la nuestra, ya que lo aceptamos). Por tanto, no tenemos inconveniente alguno en meter en una jaula, para placer de los dominantes e instrucción de los niños, un elefante, un negro y un loco.

Así es como, en los siglos XVIII y XIX, la gente visitaba el hospital psiquiátrico de Bedlam, en Londres. Todos los días, trescientos visitantes pagaban un penique para poder pasearse por unas pasarelas tendidas sobre el patio donde se agitaban los locos, y por delante de las habitaciones donde se les podía hacer hablar, burlarse de ellos y echarles alcohol para divertirse un poco.[44] Cuando el progreso de la cultura permitió descubrir los mundos mentales de los animales, los locos, los negros y los albinos, resultó incómodo meterlos en jaulas. Por eso en las últimas décadas ¡hemos asistido al proceso de humanización de los centros psiquiátricos y de los zoológicos! Ya no podemos meter en una jaula a un negro elegido presidente de Estados Unidos, y dudamos a la hora de encerrar a una pantera o a un león capaces de descodificar nuestros gestos y nuestras posturas.

Cuando el contexto cultural cambia, también cambia el sentimiento de sí. Una negra en un zoo se muere de vergüenza y de desesperación. Pero cuando la cultura se avergüenza a su vez de haberse atrevido a hacer una cosa así, la negra se convierte en una mujer como las demás, con la piel negra, como otros tienen los ojos azules, ni más ni menos. «El que adora a los negros está tan "enfermo" como el que los detesta», dice el psiquiatra antillano Frantz Fanon,[45] que confiesa haber sentido vergüenza de su piel negra. Solo cuando se convirtió en un «negro diplomado» en las universidades blancas y empezó a militar contra el racismo y el colonialismo pudo desprenderse de esta deshonra. Entonces se puso a buscar imágenes de negros gloriosos con los que identificarse para rehabilitar su propia imagen degradada. Por supuesto, las encontró. Cada encuentro le proporcionaba la prueba de que lo que degradaba su imagen eran únicamente los prejuicios. Esta humillación diaria, que empuja a los avergonzados a buscar imágenes reparadoras, les otorga en ocasiones un valor compensador. «Se trata de escapar de una trampa transgeneracional infernal, que ha consistido en despreciar constantemente al hombre negro procedente de la esclavitud. De ahí que [...] la organización de la marcha de los descendientes de esclavos haya sido esencial para la curación de nuestra alma.»[46]

6

Una pareja bien avenida: vergüenza y orgullo

La pareja, átomo de la sociedad

La vergüenza no sirve para nada. De modo que el avergonzado se convence de que es moral. Cree que está avergonzado porque respeta al otro y concede demasiada importancia a su mirada, lo que es cierto. Al elevar al otro, se rebaja a sí mismo. La vergüenza se convierte así en un arma que el avergonzado entrega a quien le mira.

En la Grecia antigua, el sentimiento de vergüenza regía la cultura. Esta impresión penosa permitió construir la democracia al otorgar a todo hombre libre el poder de juzgar. A partir de entonces, la opinión pública poseyó un arma de control social: ¡la vergüenza!

Entre los burgundios, el «hedor del adulterio» permitía soldar la pareja, ya que cualquier relación extraconyugal se consideraba un delito mayor. La mujer adúltera de Windeby (Alemania) fue arrojada a los pantanos, donde la turba conservó su cuerpo. Por ello hoy en día podemos encontrar todavía mujeres embarazadas de trece años, estranguladas con un cordón de cuero.[1] En otras civilizaciones descubiertas recientemente (1951), entre los baruya de Nueva Guinea,[2] los hombres adúlteros eran destripados y el hígado arrancado se ponía a secar sobre estacas clavadas en medio de la plaza del poblado. El emperador romano de Occidente Mayoriano promulgó una ley que obligaba al marido engañado a matar inmediatamente a la esposa adúltera y a su amante. Los francos eran aún más radicales, ya que consideraban que era todo el linaje el que quedaba manchado por la infidelidad de una abuela que cubría de vergüenza a toda su descendencia. A veces se daba una oportunidad a la presunta culpable sometiéndola a la prueba del agua. Le ataban una piedra alrededor del cuello y la arrojaban al río; si flotaba, es que era inocente.

Para construir la sociedad, era absolutamente indispensable que la pareja fuera inviolable. El incesto, que, por su endogamia, constituía un vínculo de gran proximidad, era considerado un delito menor que el adulterio.[3] La sociedad se construía utilizando el cuerpo como instrumento. La virginidad de las mujeres y la violencia de los hombres adquirían una función de valor moral. De ahí que las mujeres vírgenes fueran diosas porque, al entregar su cuerpo a un solo hombre, fijaban el eslabón fundador de la sociedad. Estas divinidades reinaban sobre la naturaleza designando al que estaba autorizado a convertirse en su servidor haciéndolas madres. «Así pues, Istar, Astarté y Anat, divinidades de la fertilidad y del amor, son consideradas vírgenes, aunque estas Grandes Madres (*Magna Mater*) tuvieran todas amantes y muchos hijos. En este caso, "ser virgen" no era sinónimo de castidad, sino que designaba a una mujer que no estaba casada.»[4] Ningún hombre posee a estas vírgenes, que pueden tener muchos hijos. La egipcia Neith no necesita un varón para traer al mundo al dios sol Ra. A Artemisa no le gusta el amor, y Atenea, con sus flechas y su escudo, no ve la necesidad de un hombre que la proteja. Para mantenerse virgen y pura, Hera, esposa de Zeus, madre de familia y divinidad protectora, se baña todos los años en la fuente de Canatos para renovar su virginidad.[5] Actualmente, en Nápoles, en Beirut o en Washington D.C., son los cirujanos quienes cosen los hímenes desgarrados y no el agua de Canatos, pero el principio sigue siendo el mismo: una mujer ha de mantenerse pura e inviolada aunque tenga una docena de amantes. La cultura de la virginidad protege a las mujeres de una sexualidad no elegida por el grupo y designa al mismo tiempo al hombre que será el padre del niño. ¡Hasta qué punto la virginidad es moral! Los fundadores de la Iglesia, pese a afirmar que Eva era cómplice de Satán, no podían hacer a María responsable de la caída, era preciso que se mantuviera virgen. De modo que cuando la moral sexual estructuró la sociedad, la virginidad se convirtió en un símbolo de pureza, y su pérdida constituía la prueba de la inmoralidad, una corrupción en cierto modo, una vergüenza social. Las mujeres que llegan al matrimonio sin himen no se adecuan al ideal del grupo. El himen se convierte en la firma anatómica que prueba que los niños que nacerán han sido concebidos por el hombre que la sociedad le ha asignado. La mujer virgen salva su honor y el de su marido, mientras que la mujer desflorada, al traicionar a la pareja, cubre de vergüenza a su familia y a su linaje. Los bastardos nacidos fuera del matrimonio han sufrido terriblemente a causa de esta representación cultural.

El himen es un discurso social

El himen es un discurso social que designa a la mujer pura, que al someterse a las reglas del matrimonio moraliza a su familia, mientras que la mujer impura la cubre de vergüenza. En este contexto cultural, la desfloración de la noche de bodas es una prueba de la moralidad de la mujer y del vigor del hombre que podrá ser padre. Se exhiben las sábanas manchadas de sangre para que la gente aplauda a aquella que, guardándose para su marido, ha aceptado ser un eslabón sólido de la sociedad. Se entrega un hombre a una mujer y esta mujer, a la sociedad. Puede estar orgullosa de su virginidad perdida con el acuerdo de la sociedad que consagra su vientre a la supervivencia del grupo.

Los sentimientos de vergüenza o de orgullo que anidan en lo más profundo de su alma dependen, no obstante, de discursos culturales sorprendentemente variables. Lo importante es la pareja, la unidad más pequeña de la comunidad y la fábrica de los niños. En este contexto, el sexo no es más que una herramienta que estructura el grupo y pone hombres en el mundo. Por eso en los siglos IX y X la ceremonia del matrimonio se celebraba a las puertas de la iglesia. Bastaba que un sacerdote uniera las manos de los esposos y declarara la «donación mutua». Hasta el siglo XVII, no se autorizó a celebrar las bodas en la iglesia, donde se veía con buenos ojos que la mujer estuviera ya embarazada.[6] Probablemente estaba orgullosa de estar esperando un hijo y no podía imaginar que en la época victoriana la misma situación se convertiría en una vergüenza torturadora.

Hasta el siglo XVIII, el acta notarial era más importante que la ceremonia religiosa, como se enseña todavía hoy en la escuela con el teatro de Molière. Se tenía más en cuenta la afiliación social de las personas que el compromiso íntimo de sus sexos. Las mujeres rubricaban el contrato con el himen y los hombres con sus erecciones. Ni siquiera el soberano quedaba libre de este imperativo administrativo y sexual. «El miembro viril del Rey no se pone duro a causa de la aflicción...» Ahora bien, un rey sin erección no puede ya asegurar su linaje ni su descendencia. «La debilidad sexual supone la descomposición de la monarquía.»[7]

Entre los egipcios, en la antigua Grecia, entre los burgundios (germanos de Borgoña) y entre los baruya de Nueva Guinea, el vientre de las mujeres y la erección de los hombres pertenecen al Estado. La pareja inquebrantable constituye la molécula social indispensable para la supervivencia del grupo. Una vez instituida la pareja, sus prácticas sexuales no están codificadas por la sociedad. Pero antes de la formación de la pareja, la sodomía adquiere el sentido de un acto moral, ya que permite evitar la vergüenza de una desfloración antes del matrimonio.[8] Más tarde, en la Edad Media cristiana, cuando la sexualidad se utilice como contrato social entre dos personas, la sodomía se convertirá en el peor de los crímenes,[9] un fraude sexual que evita tener hijos, poner almas en el mundo. Hoy en día, en un contexto cultural en el que la supervivencia del grupo está sobradamente asegurada, el vientre de las mujeres ya no pertenece al Estado, sino a la persona femenina, mientras que la sodomía se convierte en una pequeña trampa aceptada por algunos compañeros de este juego sexual.

En las culturas muy desarrolladas tecnológicamente donde la religión ha mantenido un poder prohibitorio y organizador, como en Marruecos, la autonomía social de los jóvenes se retrasa porque necesitan tiempo para aprender un oficio. Ahora bien, en las sociedades ricas donde las condiciones educativas son sanas, la pubertad se adelanta. El despertar sexual es precoz, pero su posibilidad de realización en el matrimonio es tardía. Por consiguiente, «los jóvenes encuentran la manera de esquivar esta dificultad… actos sexuales sin penetración… la noción de himen intacto […] ya no equivale a "virginidad"».[10] Las mujeres llegan al matrimonio a la edad de veinticinco años con el himen intacto y una gran experiencia sexual.

El mismo fenómeno se produce en la sociedad puritana de Estados Unidos, donde algunas jóvenes de Dakota acuden a los «bailes de pureza» tras haberse entregado a prácticas sexuales que harían morir de vergüenza a una europea que, cuando se casa, hace ya mucho tiempo que ha perdido la virginidad.

Cuando la violencia era moral

El sentimiento amoroso en el matrimonio, que Occidente reivindica como una prueba de moralidad sexual y de respeto a las personas, durante mucho tiempo ha parecido absurdo. Los romanos se burlaban del hombre enamorado que, languideciendo junto a su amada, estaba menos dispuesto al combate. En muchas culturas, el amor conyugal se ha considerado una obscenidad: «No hay nada más inmundo que amar a la propia mujer como a la amante».[11] En las cortes de amor provenzales del siglo XIII, las mujeres dictaban sentencias afirmando que hay que casarse con un hombre por su nombre o por sus bienes, pero desde luego no por amor, que está reservado al amante.[12] En estos contextos culturales, una persona que confesara amar a su mujer o a su marido resultaba tan ridícula que callaba por vergüenza. Las únicas aventuras humanas que podían lograr que un hombre estuviera orgulloso de su existencia eran las del Rojo y el Negro, del ejército y de la fe, de la espada y de la sotana. Cualquier relación sentimental, cualquier amor dentro del matrimonio rebajaba la dignidad y se convertía en causa de vergüenza.

En cuanto al erotismo en la pareja, ¡nos preguntamos qué papel desempeñaba! Hasta el siglo XX, las mujeres cargadas de niños enviaban al marido al burdel para tener un poco de tranquilidad. He hablado en ocasiones con señoras de más de ochenta años que me explicaban que, cuando habían tenido un orgasmo en brazos de su marido, ¡habían sentido vergüenza! «Como una mujer de mala vida —me decían—. Una mujer virtuosa solo hace esto por deber.» Es increíble hasta qué punto un relato cultural o una estructura social pueden provocar en nuestro interior un sentimiento intenso de vergüenza o de orgullo.

Los hombres también han estado sometidos a este proceso social e íntimo, pero en su caso no se habla de himen ni de maternidad, sino de valor, de fuerza física y de entrega. Un hombre se muere de vergüenza si no puede trabajar porque no es suficientemente fuerte, suficientemente ingenioso o suficientemente camorrista. En la época en la que se construyen las sociedades, la desigualdad se basa en la fuerza física que está al servicio del grupo.

A partir de la Edad Media, el dominio social de los aristócratas se sostiene en la apropiación de las tierras y la construcción de castillos gracias al trabajo del pueblo. Su fuerza física, su manejo de las armas y el aprendizaje de los códigos de cortesía permiten a los nobles reconocerse en algunos gestos y poner en aprietos al vulgo que carece de buenos modales. Después del Renacimiento (siglos XV y XVI), el dominio social se escenifica a través de las costumbres, los rituales, los vestidos, la caza y el duelo. Un hombre pusilánime que tiene miedo a luchar no puede legitimar su dominio. Muchos prefieren morir en duelo antes que morir de vergüenza. Para dominar con el deshonor, basta inventar un código de honor que expulse de la sociedad a los que no lo aplican. Cuanto más se desciende en la jerarquía, más se pelea con los puños, los pies y la cabeza. El conformismo de la desigualdad invita a los hombres a elegir entre el honor de la violencia y la vergüenza de la no-violencia.[13] Un hombre que sabe batirse en duelo o pelearse con los puños será honrado, porque habrá puesto su brutalidad al servicio de su grupo en dificultades. Pero cuando la colectividad ya no está en peligro, esta misma violencia pierde su función protectora y se convierte en destructora de la familia y del grupo.

Cuando la violencia ya no es necesaria para construir la sociedad, ¿sigue conservando la maternidad su valor social? En la época en que los hombres construían la sociedad con los puños y las mujeres con su vientre, el amor adquiría un significado edulcorado. Se burlaban de la novela amorosa, se enternecían ante la aventura sentimental de Eloísa y Abelardo, admiraban la declaración de amor de Dante a Beatriz. El amor existía, por supuesto, pero no era más que poesía. Ese suplemento sentimental no pudo convertirse en un valor cultural hasta que la sociedad estuvo ordenada. El matrimonio degradaba al hombre, y el amor todavía más, puesto que entorpecía la aventura personal. No hace mucho tiempo, Tabarly, el gran navegante, decía que solo un gran amor podría impedirle recorrer los mares. Más tarde encontró a la mujer que le acompañó por los mares, pero para ello tuvo que esperar sesenta y tres años, y aceptó como un freno ese venturoso acontecimiento sentimental.

Desde hace algunos años, las mujeres tienen acceso a esta posibilidad de desarrollo. Su nueva condición les permite recorrer también el mundo. En este nuevo contexto, el matrimonio y los niños se convierten en una traba y hasta en una alienación.[14] La maternidad cambia de significado: traer un hijo al mundo ya no es una promoción social que asegura la cohesión del grupo, sino un obstáculo para la realización personal. San Pablo decía que uno no podía casarse si no era capaz de lo mejor; Pascal creía que la vida de pareja degradaba al hombre, y Tabarly afirmaba que solo un gran amor podría detenerle. Estos hombres pasan hoy en día el testigo a las mujeres que, como ellos, aman la libertad.

¿Todavía es necesario sufrir?

No hace mucho tiempo, la vida era un sufrimiento diario, todos los inviernos la gente moría de hambre y de frío, como ocurre todavía en los países pobres con un nivel tecnológico bajo. El arte de soportar el sufrimiento justificaba un código de honor. El hombre no podía eludirlo, su virilidad dependía de él.[15] Tenía que sufrir y callar, la menor lamentación le habría cubierto de vergüenza. Los hombres eran considerados héroes cuando bajaban a la mina o cuando dormían en el suelo vestidos con su ropa de trabajo en las obras en construcción. Estaban orgullosos de ser capaces de sufrir en silencio y de entregar todo su sueldo a la esposa que gobernaba la casa. Pero esta consideración de héroes no favorecía a las mujeres, ya que legitimaba la dominación: «Yo sufro por ti, te doy todo lo que gano, es mi honor, tú tienes que servirme la mesa». Honor y virilidad iban de la mano, y cuando un hombre no tenía músculos suficientes para cargar las vagonetas de carbón, cuando la enfermedad le debilitaba o el alcohol le apartaba de la sociedad, su familia se moría de vergüenza. En un contexto duro que provoca sufrimiento, los músculos del hombre y la virtud de las mujeres son valores adaptativos. El hombre sufre en silencio y está orgulloso de ello. La mujer se guarda para el marido que la sociedad le ha dado, le sirve y está orgullosa de ello. Pero cuando la tecnología domina el entorno y lo hace soportable, el honor se convierte en un valor anticuado y la virilidad adquiere la consideración de comportamiento ridículo, calificado de «machista» para expresar el desprecio que suscita.

Imaginemos que una sociedad perfecta, en una cultura en paz, permite que todo el mundo tenga un desarrollo próspero; no necesitaríamos ni la protección de la pareja ni la del grupo. Los niños que vendrían al mundo por accidente, o para satisfacer un arcaico deseo de tener hijos, tendrían que desarrollarse en un nicho sensorial empobrecido por la disolución de los vínculos. La indiferencia afectiva que derivaría de ello facilitaría el desarrollo de personalidades narcisistas, centradas en sí mismas.

Por supuesto, la realidad siempre es mucho más complicada, porque solo percibimos de ella una parte ínfima con la que construimos nuestras representaciones. Lo invisible no deja de angustiarnos, y a menudo hasta de traumatizarnos. Para afrontar la realidad desconocida, la necesidad que tenemos de los demás adopta mil formas distintas según las culturas. Todas son necesarias y costosas, pero para protegernos pagamos el precio de buen grado.

Cuando la violencia se dirige contra un enemigo exterior, la sumisión al jefe la hace más eficaz. Unimos nuestras fuerzas para destruir al enemigo, para dominar el clima que nos congela, para cazar los animales que nos asustan y a veces para domesticarlos, para destruir la nación vecina que ambiciona nuestros bienes. La violencia contra el enemigo exterior se une a la sumisión al jefe para asegurar nuestra supervivencia. El hombre que no consagra al grupo su fuerza y su brutalidad, la mujer que no entrega al hombre su vientre y su sometimiento serán deshonrados. En este contexto de socialización arcaica, la fidelidad aumentaba la autoridad del jefe, confiado en el pueblo cuya obediencia aumentaba su poder. En caso de victoria, la masa fiel compartía la euforia, recayendo su gloria sobre los sometidos. «Estando orgullosos de nuestro jefe, estamos orgullosos de nosotros mismos, pero pobre de él si no está a la altura de nuestras necesidades, lo sacrificaremos para no compartir su fracaso.» En esta estrategia, cualquier individuo infiel debilita al grupo, merece ser expulsado de la colectividad, excomulgado, deportado, torturado o reeducado según las racionalizaciones ideológicas. La vergüenza se convierte en un arma que asegura la cohesión. Al amenazar con la vergüenza al infiel que no se somete, el conformismo lleva al poder al que se somete.

La combinación sentimental que une el orgullo de someterse con la violencia contra un enemigo exterior legitima al ejército y explica por qué los soldados han de ser buenos, obedientes y agresivos cuando así se les exige. La deserción o el simple rechazo constituyen un acto vergonzoso que exige que el traidor sea expulsado de la sociedad a la que debilita. Los nazis decían: «Es vergonzoso ser débil no obedeciendo, siendo incapaz de disparar una bala a la cabeza de los niños que pueden convertirse en enemigos de Hitler».[16] Los hutus de Ruanda utilizaron el mismo argumento cuando la radio de las Mil Colinas repetía en sus emisiones: «No os dejéis enternecer por los niños. Si no los matáis, dentro de unos años os los encontraréis con una arma en la mano».[17] «No tuve valor para torturar a este hombre», confiesa el soldado ante el tribunal militar que le juzga culpable de no haber obtenido mediante la tortura la revelación del lugar donde los enemigos tenían escondidas las armas. Su debilidad emocional le convierte en cómplice de la muerte de sus compañeros.

Cuando la sumisión refuerza

El sentimiento de sí mismo, de vergüenza o de orgullo, depende del lugar en que nos sitúan las representaciones colectivas. Por eso la retórica desempeña un papel fundamental. Juramos fidelidad al rey, al jefe político, al dueño de la empresa y hasta a aquel cuyo pensamiento nos guía. Sacralizamos la obediencia, estamos orgullosos de someternos a la persona a la que nuestra fidelidad ha entregado el poder. Así es como llegamos, con toda la lógica del mundo, a ejecutar escrupulosamente las órdenes de un jefe delirante. Nos daría vergüenza traicionar a quien nos representa. Cualquier deslealtad nos desautorizaría a nosotros mismos. Esta retórica acaba convirtiéndose en un sistema semántico de control ideológico. Cuando los húsares de Napoleón se trenzaban el cabello por delante de las orejas para hacerse coletas, cuando se peinaban con un moño en la nuca para parecer viriles y llevaban el pantalón ajustado para destacar los genitales, expresaban una retórica preverbal, un discurso social que significaba: «Me someto a la norma, me visto correctamente según los criterios de un húsar que obedece a su jefe hasta la muerte». Pruebe usted hoy en día a trenzarse el cabello por delante de las sienes, hágase un moño y vaya a trabajar vestido con una malla apretada. Sin duda provocará un silencio embarazoso y dos o tres consejos de amigos.

Las situaciones sociales e íntimas que nos hacen alternar entre la vergüenza y el orgullo no son raras. Hasta 1970, los niños que nacían fuera del matrimonio, los «bastardos» como se les llamaba, se avergonzaban terriblemente de su madre, cuya sexualidad estaba desocializada. Hoy en día, casi el 60 por ciento de los niños nacen fuera del matrimonio y se desarrollan bien. Tienen confianza en sí mismos porque su madre ya no concede al relato cultural el poder de causarle vergüenza o, más bien, porque el relato cultural ha perdido ese poder.

Hasta la Segunda Guerra Mundial, era motivo de vergüenza dar a luz en el hospital junto a las mujeres de escasos recursos que no tenían familia. El parto a domicilio era la prueba de que la mujer estaba bien socializada y de que su marido ganaba suficiente dinero para pagar los honorarios. A las jóvenes les daba vergüenza no estar casadas aún a los veinticinco años, tener el vientre liso un año después de la boda o quejarse de las penalidades de la vida. Cuando un hombre ponía fin a su vida, la familia entera sentía una enorme vergüenza, mientras que hoy en día se siente torturada por la culpabilidad.

El abandono de los hijos no era un hecho vergonzoso en Occidente hasta el siglo XIX, época en que esta práctica era corriente. La entrega a una nodriza,[18] la alimentación con biberón no esterilizado equivalían a infanticidios cuyo número todavía hoy se subestima.[19] El Imperio inventó el torno abierto al exterior, bastaba colocar en él al recién nacido y hacerlo girar para introducir al bebé en el interior del hospicio, donde tenía una pequeña posibilidad de sobrevivir. Lamartine, el poeta convertido en diputado, incitaba a abandonar a los niños nacidos fuera del matrimonio. Para salvar el honor familiar, preconizaba la «paternidad social», es decir, que era el Estado el que debía hacerse cargo de los niños sin padre.[20]

Vergüenza de ir a buscar a su padre al café, vergüenza de mostrarse desnuda ante su amante, vergüenza de sentir placer sexual, vergüenza del espéculo que se interpreta como una «violación médica», vergüenza de ponerse supositorios, vergüenza de estar enfermo, vergüenza de tirarse un pedo: todas estas causas de vergüenza que a veces nos hacen reír tienen su origen en los discursos que nos rodean.

La violencia en el teatro del honor

Las culturas del honor implican un código de rituales cuya transgresión provoca la indignación. En estas culturas es más soportable morir físicamente que morir de vergüenza, ya que sobrevivir bajo la mirada despreciativa del otro sería una tortura constante: ¡es preferible la muerte!

El teatro del honor pone en escena la prestancia. La elegancia en el vestir, la compostura moral, el valor y la dignidad constituyen roles que han de provocar la estima del entorno. Cualquier infracción a esta apariencia supone un desgarro, un trauma. Merece la muerte.

Esta sumisión a los códigos del honor que prefiere la muerte a la vergüenza es un buen signo distintivo de las culturas de la jerarquía. Cuando un mendigo insultaba a un príncipe que bajaba de su carroza, su alteza algo molesto no le retaba a duelo. Uno solo se bate en duelo si es ofendido por un igual. Un aristócrata no espera la estima de un vagabundo. Un sirviente lo rechazará de un bastonazo, es más que suficiente. Pero si un hombre digno de este nombre ofende el honor del noble no respetando el código de prelación, esta ofensa justifica un combate a muerte, ¿no es cierto? Solo un igual o un competidor tienen poder para herir a un príncipe. La mirada de un subhombre no existe, no tiene poder para suscitar vergüenza. Pero cuando el caballero de Sacher-Masoch, cuando el noble polaco Gombrowicz o los aristócratas franceses de la noche del 4 de agosto concedieron a los hombres del pueblo el poder de juzgarlos, empezaron a considerarlos sus iguales, o, en todo caso, sus interlocutores.

En las culturas del honor, la violencia nunca está muy lejos: violencia contra la mujer que ha entregado su vientre a un hombre que no es el que le ha dado la sociedad, violencia contra el hombre que se niega a dar su vida para proteger a su familia, violencia contra los militares salidos de Saint-Cyr que, en la guerra de 1914-1918, se pusieron el quepis con penacho y los guantes blancos para estar impecables en el momento de salir para dejarse ametrallar por unos soldados alemanes burlones. Estaban orgullosos de morir así.

Cuando la cultura se civiliza y le pide a un tercero que garantice su defensa, el honor pierde su valor, porque se le pide a la persona insultada que no repare ella misma la humillación, sino que pida ayuda a un policía o a un abogado. En una sociedad que ha previsto este tipo de institución judicial, el honor vale menos que la indignación de la víctima. Pero cuando un Estado se tambalea, el grupo recupera casi de inmediato un código de honor. En los países donde la policía está mal organizada o corrompida, los hombres se reagrupan para «tomarse la justicia por su mano». Sus represalias implican excesos y errores, pero a los hombres les daría vergüenza eludirlas. La Mafia utiliza este sistema y se autodenomina «honorable sociedad», una sociedad en la que un gesto desafortunado o la mínima competencia «legitiman» el asesinato.

En las sociedades del duelo, la cortesía suponía una apuesta vital, ya que una palabra inoportuna podía llevar a la muerte. Hubo que esperar al Estado fuerte de Luis XIV para que se prohibieran los duelos que masacraban a los nobles de Francia, de Alemania y de Rusia. Hoy en día, en Occidente, se pide que el juicio de las armas sea sustituido por un proceso. La cortesía pierde su valor protector y adquiere un valor relacional; ya no se arriesga la vida insultando a los otros con gestos obscenos y palabras vulgares. «Hijo de puta» o «Fóllate a tu madre» maltratan el alma del adversario sin correr el riesgo de una respuesta mortal.

Incluso la glorificación como héroe se convierte en un valor anticuado en una sociedad bien organizada, que pide a los representantes de la ley que intervengan en lugar de los individuos. Hoy en día, críos «mal educados» pueden romper máquinas públicas o maltratar a los viajeros sin que haya un solo hombre que se oponga. Hace veinte años, estos hombres se habrían muerto de vergüenza si no hubieran intervenido. Hace poco, mi amigo Jean-Pierre Pourtois fue agredido en la gare du Midi en Bruselas. Como es robusto y difícil de intimidar, luchó y puso en fuga a su agresor. Entonces los testigos del incidente se acercaron a él para reprocharle que se hubiera enfrentado. La generación anterior le hubiera censurado por no haber luchado.

El honor es un sentimiento noble que consolida al grupo y somete al individuo al discurso del jefe a fin de legitimar la violencia. La palabra «virilidad» designaba a un hombre más bien duro, capaz de sufrir sin quejarse, de imponerse claramente y de pelear con orgullo. El honor de las mujeres, que estaba en su himen y en su fidelidad, les daba el poder de asegurar la cohesión del grupo. La espiritualidad, a la que se dejan arrastrar con orgullo, les permite superar la dureza de sus tareas cotidianas: «Dios me pide que sea así, moral. Gracias a mí, mi familia está bien atendida».

Se trata de un proceso social e íntimo en el que un discurso impregna en el alma del sujeto la capacidad de experimentar un sentimiento de vergüenza o de orgullo, como reacción a un mismo hecho. Se han podido evaluar estos sentimientos que difieren según las representaciones culturales. Algunos investigadores norteamericanos respondieron a ofertas de empleo añadiendo a su falso currículo una curiosa precisión: «Debo comunicarles que apuñalé a un hombre que había insultado a mi mujer».[21]

En los estados del norte de Estados Unidos, los dueños de las empresas comentaron esta candidatura peculiar diciendo que un hombre así no era dueño de sus emociones. En cambio, los empresarios de los estados del Sur afirmaron que esta reacción era propia de un hombre de honor en el que se podía confiar. Si algún día matáis a un hombre, sabed que este crimen será considerado como un acto de debilidad o de fuerza según la región en la que residáis.

Los mismos investigadores enviaron cuestionarios en los que preguntaban: «Si un hombre borracho empuja a vuestra mujer, ¿os parece justificado • explicarle que se trata de un comportamiento molesto • rechazarle sin decir palabra • o darle un puñetazo en la cara?». El 15 por ciento de los hombres del Sur creían que era normal sacudir al inoportuno, frente a solo un 8 por ciento de la gente del Norte. A la pregunta: «Si un hombre intenta violar a vuestra hija de dieciséis años, ¿os parece normal pegarle un tiro a la cabeza?». El 50 por ciento de los hombres del Sur no sentirían vergüenza de hacerlo, frente a un 20 por ciento de los hombres del Norte.[22]

Cuando el Estado es débil porque los políticos no logran gobernar o simplemente porque los puestos de policía están demasiado alejados, los hombres valoran la violencia que recupera su antiguo poder de socialización. Pero cuando la sociedad está bien organizada, cuando los políticos gobiernan y la policía está próxima, la violencia se convierte en un signo insoportable de desorganización social y de traumatismo emocional.

Las mujeres interpretan la violencia física de la misma manera que sus compañeros masculinos. Están orgullosas de la agresividad de sus hombres en un contexto de socialización arcaico, pero se avergüenzan de esta violencia en cuanto la sociedad se civiliza.[23]

Este fenómeno puede observarse fácilmente en las grandes urbes. En el centro de las ciudades donde la urbanización está estructurada según la historia y la riqueza, la amabilidad es un valor relacional. En cambio, en las favelas donde las construcciones rápidas han hacinado chabolas sin haber tenido tiempo de inventar rituales culturales, las interacciones habituales se impregnan de violencia: «Cuando me cruzo con alguien que me mira mal, le ataco, hay que dejarlo fuera de combate».[24] El muchacho que pronuncia estas palabras tiene trece años, pesa setenta kilos y ha practicado artes marciales gracias a las asociaciones que creen que a través de ellas se puede canalizar la violencia. El contexto anómico de este estilo de urbanización permite canalizar la violencia, pero no extinguirla y mucho menos desvalorizarla. Por el contrario, los chicos y las chicas de estos barrios admiran a esos camorristas orgullosos de pasar a la acción.

Cuando la realidad difiere del relato de esa realidad

Puesto que el contexto psicosocial desempeña un papel fundamental en la atribución de un sentimiento de vergüenza o de orgullo a un mismo hecho, es posible actuar sobre la cultura para salir de la vergüenza. ¡Es curioso! ¿Acaso hablamos de «salir de la vergüenza», como se sale de una madriguera o como aparece uno tras haberse escondido?

Casi todos los niños que fueron ocultados para evitar su muerte (los niños judíos de la Segunda Guerra Mundial, o los niños tutsis del genocidio de Ruanda) sufrieron torturas mentales. La tortura no tiene por objeto hacer daño, sino deshumanizar. Cuando nos rompemos una pierna, nos duele mucho, pero no estamos deshumanizados porque nos cuidan, nos ayudan a desplazarnos y nos piden que expliquemos cómo ha sucedido. Un niño oculto no tiene dolor, pero sufre continuamente debido a una representación dolorosa de sí mismo: «Vales menos que los otros... es peligroso ser tú mismo, porque si dices quién eres morirás... procedes de unos padres, de una familia y de un pueblo que han sido expulsados regularmente de la sociedad, han sido perseguidos como lo serás tú, si dices quién eres».

Esta representación de sí mismo, dolorosa y avergonzada, provoca estrategias de existencia costosas en las que la autopunición permite expiar el pecado de existir. Las conductas de fracaso son la regla cuando la vergüenza nos desvaloriza, cuando el estereotipo cultural sugiere: «Es normal que sea desconfiado y un mal estudiante, con todo lo que le está pasando». Incluso el éxito puede resultar vergonzoso. A veces el triunfo del niño oculto humilla a los niños normales que lo tenían todo para triunfar pero permitieron que la seguridad y el confort les debilitasen. En estas estrategias de vida es difícil salir de la vergüenza, porque no solo hay que trabajar para uno mismo, sino que también hay que procurar no humillar a los otros con un desarrollo demasiado rápido. De la confluencia de todas estas condiciones podrá surgir un proceso de resiliencia.

«Mis abuelos, mis tíos y tías… he oído hablar yiddish muchas veces en su casa… Amaban la lengua y al mismo tiempo les daba vergüenza porque significaba la pobreza, el exilio, la inferioridad de los judíos en Europa y una cosa inútil para sus descendientes… doble herencia de ternura y vergüenza… También era la lengua del secreto, ya que se expresaban en yiddish cuando no querían que nosotros, los niños, les entendiéramos.»[25]

Salir de la vergüenza en un contexto así exige mucho esfuerzo. ¿Tal vez es más eficaz actuar primero sobre el entorno? El estereotipo de los judíos que se dejaron conducir al matadero como corderos se relata en el mundo entero. Incluso en Israel los sabras, judíos nacidos en aquel país, consiguieron tantas victorias sobre los ejércitos árabes que trataban con desprecio a los asquenazíes europeos cuya grasa había sido transformada en jabón en Auschwitz. En los años cincuenta se dirigían a ellos con el apelativo *soap* («jabón»), lo que contribuía a mantener vivo en los supervivientes el sentimiento de no ser más que una cosa, ya que, tras haber sido designados con la palabra *Stück* («pieza») por los alemanes, sus compatriotas israelíes les llamaban «jabones». La vergüenza de ser una cosa despreciable les inculcó la rabia necesaria para salir adelante. Su coraje excesivo, espoleado por este desprecio, les empujaba a trabajar denodadamente. Muchos de esos «piezas» de «jabón» se convirtieron en universitarios, industriales o artistas renombrados. (Por cierto, ¡acabo de escribir «renombrados»!) La sabiduría de las palabras acaba de condensar en cuatro sílabas, «Re-Nom-Bra-Dos», lo que he intentado demostrar en las últimas tres páginas. Estas personas podían ya existir a los ojos de los demás, tranquilamente, sin vergüenza, porque ya no recibían el nombre de «piezas» o de «jabones», sino que eran ¡«renombradas»!

Para cambiar la imagen y la palabra con que los designaban, los judíos tuvieron primero que repararse a sí mismos. Ahora bien, desde hace unos años, los historiadores buscan en los archivos y sacan a la luz otra realidad. Contrariamente al estereotipo difundido, los judíos lucharon esforzadamente contra el nazismo en todos los ejércitos del mundo y en todas las resistencias. En España, en el regimiento de extranjeros donde Hemingway combatía el fascismo, uno de cada tres soldados era judío. En Francia, el Regimiento de Marcha de Extranjeros estaba compuesto casi exclusivamente por republicanos españoles y judíos recién inmigrados, que se habían enrolado en esta especie de legión extranjera al comienzo de la guerra. En las redes europeas, la resistencia judía tenía una importante representación: redes de camuflaje de niños por parte de la OSE,[26] documentaciones falsas, organización de evasiones. La resistencia armada de los judíos franceses fue más tardía, puesto que mantenían la lealtad y no podían creer que el gobierno de su país hubiera programado su eliminación. Pero después de la redada de Vel' d'Hiv' ya no hubo dudas, había que tomar las armas. A la lucha de los FTP-MOI (Francotiradores y partisanos-Mano de obra inmigrante) se unieron los judíos comunistas y los armenios. Los Exploradores Israelíes y la OJC (Organización Judía de Combate) multiplicaron los atentados. La insurrección del gueto de Varsovia (abril-mayo de 1943), en la que unos cientos de supervivientes hambrientos plantaron cara a tres mil soldados equipados con cañones, ametralladoras y lanzallamas, probó que el ejército alemán no era invencible y era el desencadenante de la Resistencia europea.

Al acabar la guerra, tras haber luchado en los ejércitos ruso y polaco y haber participado en el aplastamiento del nazismo, estos judíos esperaban ser recibidos como héroes al regresar a su hogar. Pero sus casas, sus apartamentos y sus talleres estaban ocupados por vecinos. Fue entonces cuando se produjeron los ataques por parte de la población civil a los convoyes de supervivientes y los pogromos de la posguerra en Lituania, Bielorrusia, Ucrania y Eslovaquia. En Polonia, el 4 de julio de 1946, dieciséis meses después de la capitulación alemana, el pogromo de Kielce provocó el exilio a Europa occidental y a Palestina de doscientos cincuenta mil judíos,[27] ¡la mayoría militantes antisionistas! Se reunieron con los «judíos palestinos», llamados así antes de la resolución de la ONU que proclamaba la independencia de los dos estados, el israelí y el palestino. Estos exiliados no fueron bien recibidos por los judíos palestinos, que acababan de aplastar a los ejércitos alemanes y árabes del Afrika Korps de Rommel con la aportación de cuarenta mil hombres al ejército francés y treinta mil al ejército británico.

Durante toda la guerra, «los judíos no fueron a la muerte como corderos»,[28] sino que participaron en todas las formas de combate. Otras imágenes, incuestionables, muestran los convoyes y la matanza de seis millones de civiles denunciados por sus vecinos y detenidos por los soldados alemanes y la policía de su propio país. Cuando algunas películas mostraban a los soldados muertos en el campo de batalla o a resistentes atados a un poste ante un pelotón de ejecución, no se les preguntaba cuál era su religión. Además, los resistentes tenían interés en no ser filmados.

En los combates de África y de Oriente Próximo, los ejércitos judíos destacaron. Los judíos palestinos habían desempeñado un papel tan importante en la victoria de Bir Hakeim en Libia (1942) que el general Kœnig exigió que desfilasen junto a la bandera azul-blanca-roja de los franceses con la bandera blanca y azul con la estrella de David, que todavía no era la israelí. Durante la guerra de Independencia de Israel en 1948, los noticiarios cinematográficos mostraban a ese valeroso pequeño pueblo, con tan solo un día en el momento de la invasión por los ejércitos árabes, derrotando a los países vecinos que habían luchado junto a los alemanes.

De hecho, estos noticiarios se mostraban muy indulgentes con los israelíes. Fotografiaban a nobles caballeros judíos cargando contra sus adversarios, sobre un fondo incendiado. Filmaban a hermosas muchachas israelíes, con el fusil al hombro, conduciendo tractores para fertilizar el desierto, mientras que los malvados sirios bombardeaban las guarderías infantiles desde las colinas del Golan. Ninguna fotografía mostrando un cadáver, ninguna película sobre el éxodo de los palestinos.

Estos testimonios no mentían, hubo realmente en Europa convoyes de civiles subiendo a vagones para el transporte de animales con destino a Auschwitz, hubo realmente increíbles victorias israelíes sobre el desierto y los ejércitos de los países vecinos, pero al destacar esta parcela de verdad, estas imágenes dejaban en la sombra otro aspecto de la realidad: la lucha de los judíos de Europa y el éxodo de cientos de miles de árabes inocentes existieron realmente, sin que en las representaciones de esta realidad apareciera una sola imagen ni una sola palabra. Y, puesto que nuestros sentimientos eran provocados por las representaciones, los sabras israelíes sentían un gran orgullo, los judíos de Europa una gran vergüenza y los árabes de Oriente Próximo una gran humillación.

Los sin-vergüenza

Sin embargo, en plena catástrofe íntima o colectiva, hay individuos que no sienten ni vergüenza ni orgullo. Sus condiciones de existencia y su forma de iluminar ciertos aspectos de la realidad, de «ver las cosas», como dicen, no suscitan en ellos ninguna emoción.

A veces esta indiferencia está provocada por una lesión orgánica, pero casi siempre es el sufrimiento moral sin límites el que hunde al sujeto extenuado en el consuelo de la agonía psíquica. Algunos depravados, más bien escasos, pero de los que se habla mucho, nos fascinan por su falta de sentimientos que les otorga la dureza del hielo. Son protagonistas de novelas negras y películas de terror, en las que la representación de sus actos depravados proporciona deliciosos estremecimientos.

De hecho, el enorme batallón de los sin-vergüenza está constituido por los pervertidos, esos hombres equilibrados que sienten placer sometiéndose a un jefe.

Hay personas que jamás sienten vergüenza porque no conceden ninguna importancia a la opinión de los demás. Nuestros hijos tienen que esperar hasta los cuatro años para descubrir que los otros habitan en un mundo mental diferente al suyo. Esta ontogénesis, este desarrollo de la empatía, requiere un sistema nervioso capaz de descontextualizar una información, de responder a un estímulo trazado en su memoria y vinculado a una representación futura. Un cerebro así, capaz de esta actuación, solo la llevará a cabo si el entorno afectivo da seguridad al niño y lo dinamiza.[29] Los psicóticos difícilmente acceden a la representación del mundo de los otros y a veces hasta les resulta difícil concebir la alteridad. Por este motivo en ocasiones responden a las voces que escuchan en su mundo interior o se masturban en público como si los otros no existieran. Los lobotomizados, cuyo lóbulo prefrontal ha sido aplastado en un accidente de coche, los que padecen demencia prefrontal y tienen esa zona cerebral atrofiada por efecto de la enfermedad, pierden la posibilidad de empatía porque ya no tienen la capacidad neurológica de anticipar y de representarse lo que podría suceder. De modo que pueden actuar sin tener en cuenta el efecto que producirá en el espíritu del otro. Ocurre a veces que un absceso cerebral, una contusión o una hemorragia destruye la amígdala rinoencefálica en la parte más profunda e inferior del cerebro. El enfermo, que ha perdido la posibilidad de reacción emocional, se desvincula de cualquier acontecimiento que ya no tiene importancia para él. ¿Cómo queréis sentir vergüenza si el otro ya no existe para vosotros o si vuestro cerebro alterado ya no permite que os representéis el mundo de los otros? Ya no respondéis más que a aquello que todavía se mantiene vivo en vuestro mundo interior, incapaz ya de descentraros de vosotros mismos.

Estas destrucciones neurológicas no excluyen el impacto de los desgastes existenciales que provocan los mismos efectos. Cuando la vejez modifica la representación del tiempo, cuando la muerte se vuelve cada vez más probable y no ya imaginada en una lejanía impensada, las personas mayores ya no necesitan la inhibición para ser socialmente aceptables. Pueden decir por fin lo que piensan sin tener en cuenta las reacciones de su entorno, pueden decir por fin sin vergüenza lo que siempre han ocultado.

La melancolía que paraliza el mundo del enfermo, las depresiones repetidas que aíslan al sujeto y empobrecen su mundo sensorial provocan en pocas semanas una atrofia temporal límbica derecha.[30] Las reacciones afectivas se embotan, puesto que la zona límbica, soporte neurológico de las emociones, ya no puede responder, de modo que la vergüenza se reduce al mínimo y desaparece: «He llegado a un punto en que ni siquiera tengo vergüenza». Esta resignación que permite sufrir menos impide el sufrimiento de la lucha por la vida. Cuando el entorno no se deja arrastrar al deseo de abandono del depresivo, se pone en marcha con bastante rapidez una resiliencia neuronal que devuelve la posibilidad del trabajo de la palabra. El exilio afectivo altera el cerebro con tanta eficacia como un trauma psíquico, pero cuando vuelve la vida, el retorno del afecto despierta al mismo tiempo el placer de vivir y el dolor.

Las privaciones sensoriales son especialmente dañinas durante el período sensible de la infancia. Cuando las reacciones de la amígdala no han sido armoniosamente provocadas por la asociación del miedo seguido de la seguridad junto a una figura de apego, el joven no aprende a convertir sus emociones en una función relacional: «Cuando tengo una pena, sé quién la aliviará», dice el apego seguro. Pero cuando la privación afectiva ha provocado un embotamiento, aparecen comportamientos inútilmente intrépidos. Los jóvenes no tienen en cuenta el peligro ni la reacción de los demás. La neuroimaginería funcional muestra que un niño aislado no induce a su amígdala emocional a reaccionar. Como es poco emotivo, no teme a nada y se expone a riesgos excesivos.[31] Como presta poca atención a los demás, no tiene reparos en golpearlos o apoderarse de sus bienes. Carente del freno emocional provocado por la mirada de los otros, actúa por su propio placer, sin escrúpulos y sin vergüenza.

Existen distintas gradaciones entre los que son insensibles a la mirada de los otros, los poco sensibles y los hipersensibles. Esta adquisición neurorrelacional crea estilos afectivos distintos. Yo he conocido a jóvenes que, cuando sentían deseo sexual, requerían a todas las chicas con las que se cruzaban o simplemente telefoneaban para proponer la aventura. La mayor parte de las chicas, sorprendidas o divertidas, rechazaban la propuesta, pero no todas. Cuando el candidato era rechazado, pasaba tranquilamente al número de teléfono siguiente. Esta emotividad débil daba a las parejas una sensación de ligereza, un sentimiento de libertad por falta de apego. El demandante, que jamás se sentía herido por un rechazo, no incomodaba a las mujeres, ya que les bastaba decir una palabra para no volver a ser molestadas. Esta debilidad emocional permitía a esos hombres mantener intacta su dignidad y no sentirse jamás avergonzados tras un desaire.

He conocido a otros hombres que veneraban a las chicas. Las admiraban tanto que las consideraban inaccesibles. Aprisionados en su incapacidad de expresar el mínimo deseo, huían de las mujeres en cuanto empezaban a amarlas, pues la negativa más amable les hería profundamente. Preferían evitar cualquier contacto con el objeto de su deseo, ya que un rechazo les provocaría una vergüenza insoportable.

He conocido a mujeres que entregaban sin decir palabra a hombres que apenas conocían su tarjeta de visita donde habían anotado sus horas libres. He conocido a otras que se ponían furiosas y corrían a la comisaría en cuanto un hombre les sonreía.

Esta gama de reacciones emocionales sorprendentemente variables, desde la desenvoltura más ligera a la vergüenza agobiante, se adquiere a lo largo del desarrollo afectivo, bajo la presión del medio sensorial que estimula de forma desigual el cerebro que se está desarrollando.

Cuando el cerebro ya está construido, es más difícil que acepte la influencia del medio. Son los condicionantes externos los que determinan entonces las formas de reacción ante un acontecimiento, puesto que el cerebro es menos plástico. Cuando un individuo se encuentra ante una situación que le desborda, se adapta forzosamente, pero por encima de un determinado umbral, y más allá de una determinada duración, su psiquismo desbordado ya no le permite afrontarla.

Cuando Primo Levi llegó a Auschwitz, se quedó atónito ante lo que veía. Rápidamente, la vergüenza «sentida al principio del encarcelamiento cede ante la necesaria adaptación para la supervivencia... los que sienten demasiada vergüenza... mueren muy pronto... [debido al] repliegue sobre sí mismos, la negativa a comunicarse, la convicción de que lo lograrán con sus propias fuerzas».[32]

Los vagabundos, los que no tienen domicilio fijo sufren el mismo proceso de despersonalización. La triple degradación,[33] primero social cuando pierden el empleo, luego psíquica cuando se encuentran solos y finalmente física cuando, ya en la calle, se tornan sucios y enfermos, provoca una extinción de la vergüenza. «Superando todo sentimiento de vergüenza, nos fuimos, nos dejamos caer en la no-humanidad.»[34]

La población de los sin-vergüenza es muy heterogénea. Encontramos al musulmán, llamado así porque en los campos de exterminio aceptaba su destino, se ponía de rodillas en actitud orante, regresión fetal de repliegue sobre sí mismo, y luego se dejaba morir. Este abandono de sí, esta superación de la vergüenza se hallan en los deshumanizados, para quienes no existe la mirada de los otros. Pero entre los sin-vergüenza de los campos, se encontraban también los comunistas, los testigos de Jehová y algunos miembros de la JEC (Juventud Estudiante Cristiana) que habían conservado una red de solidaridad. Intentaban organizar evasiones y esta ayuda mutua daba sentido a su sufrimiento. Solo prestaban atención a la mirada de sus camaradas que les permitía conservar la dignidad de seres humanos. Se sabían vencidos, prisioneros, habían perdido una batalla, pero no se sentían ni despreciables ni desechos subhumanizados, porque no concedían este poder a los soldados que los vigilaban. Su empatía no llegaba hasta ellos, no se ponían en el lugar de los SS, desconfiaban de ellos, eso es todo, y sobrevivían amistosamente entre rebeldes. ¡Sufrían como hombres!

No se siente vergüenza si se desea preservar el amor propio bajo la mirada de aquellos a quienes se otorga el poder de rebajarnos. Los niños menores de cuatro años todavía no se interesan por las creencias de los adultos,[35] los comunistas deportados se oponen al fascismo, y los vagabundos deshumanizados han perdido su sociabilidad, ese impulso hacia los otros. Estos hombres no sienten vergüenza a pesar de vivir una situación de extrema degradación. El bebé no está todavía suficientemente desarrollado, el combatiente no quiere interesarse en el mundo mental del enemigo, el vagabundo no tiene fuerzas para pensar en otro. ¿Significa esto que necesitamos la vergüenza para vivir juntos? ¿Sería su ausencia reveladora de nuestra falta de solidaridad, de nuestra indiferencia hacia los demás?

Moral, perversiones y pervertidos

Los perversos jamás sienten vergüenza porque para ellos el otro no existe, es un pelele que vive únicamente para su propio placer. El siglo XIX estuvo fascinado por las perversiones, en una época en que el contexto social valoraba el sacrificio personal para reforzar la familia y fundar la nación. Los perversos no se ocupan más que de su placer inmediato, y eso debilita la solidaridad. Son inmorales porque se mantienen en un estadio infantil de desarrollo y organizan su forma de vivir «de modo pregenital, bajo la influencia de pulsiones parciales», como explicaba Freud.[36]

La Iglesia y la medicina del siglo XIX consideraban una perversión este rechazo a renunciar a una parte de la expansión personal para consagrarse a los demás.[37] Las mujeres debían tener el mayor número posible de hijos, y consagrar su cuerpo y sus esfuerzos a su marido y a su familia. Los hombres, por su parte, debían consagrar su cuerpo y sus esfuerzos a la industria naciente y a la nación. El orden social era el resultado de estos sacrificios morales. En el siglo XXI, el sentimiento del honor resulta un poco ridículo, el hombre ya no se bate en duelo, ni muere ahogado en posición de firmes cuando el barco se hunde; prefiere salvarse, es menos estúpido. En esta nueva cultura, tener un hijo, amamantarlo y ocuparse de él provoca un conflicto entre la mujer y la madre.[38] Es absurdo ocuparse de los otros hasta el punto de renunciar a una parte de la propia aventura personal. Es un valor de bobos, un engaño afectivo. Los hombres de hoy tienen todo el derecho a ocuparse de sí mismos, ¿por qué las mujeres no han de tener el mismo derecho? La asimetría natural de los sexos es una injusticia social. El hecho de que las mujeres den a luz y tengan leche en el pecho se convierte en un obstáculo para su desarrollo. El sacrificio que era un valor moral en el siglo XIX pasa a ser un engaño social en el XXI. ¿Significa esto que el narcisismo, que provoca el sufrimiento del entorno y la ruptura de la solidaridad del grupo, se convierte en un valor moral?

El desarrollo de oficios relacionados con la infancia permitiría organizar en torno a los bebés el sistema educativo de apegos múltiples que resulta muy adecuado, y al mismo tiempo ayudar a los padres a criar a sus hijos con menos sacrificio. Muchos países han aplicado los descubrimientos de las teorías del apego, y la evaluación de los resultados es excelente.[39] Pero para esto hay que modificar los relatos culturales, de modo que nuestros gobernantes decidan organizar una nueva política de la primera infancia.

Hasta hoy, la construcción de nuestras sociedades se ha preocupado más bien de hallar los medios para castigar a quienes se oponían a su concepción de la vida en sociedad. Había que ejecutar las órdenes a cualquier precio. La receta es fácil: basta con privar de responsabilidad al agente ejecutor, reducirlo al papel de un engranaje que forma parte del orden social. De este modo, el agente se vuelve capaz de las peores acciones sin sentir vergüenza ni culpabilidad.[40]

El ejemplo más ilustrativo es el del verdugo. No es responsable de las órdenes del aparato judicial. Al ejecutar a los condenados se limita a cumplir las órdenes. No es un sádico, no disfruta con la muerte de los demás, simplemente trabaja. Pero con ese trabajo pierde su capacidad de empatía: «Es el resultado final de un proceso de desafiliación del mundo común y de afiliación a un mundo claramente aparte».[41] Cuando un hombre corta el cuello a varias personas, se le considera un loco peligroso porque se permite quitar la vida en nombre de la idea que se hace de las víctimas. Pero cuando obedece la decisión de un aparato social que pretende mantener el orden, no se considera que sea un asesino, se dice que es un funcionario. «Él es el culpable —dice el verdugo—, ha cortado el cuello de varios inocentes. Yo no soy culpable, yo corto los cuellos a petición de la sociedad. Hago mi trabajo, nada más.» La afiliación a un mundo aparte, una secta o un partido político extremista provoca la desafiliación del mundo común.

Por lo general, el paso de una afiliación a otra se hace de forma insidiosa, no se percibe el cambio. Si en 1939 le hubieran dicho a la empleada de una casa de modas en Praga: «Dentro de cuatro años, su patrona será enviada a la muerte sin causa alguna. De modo que aprovéchese, instálese de inmediato en su despacho y ponga la empresa a su nombre. Rápido», estoy convencido de que esta empleada habría respondido indignada: «Pero ¿por quién me toma? ¡Esto es un robo! Mi patrona me trata correctamente, va a París a vender sus vestidos, me asegura el trabajo y yo me beneficio de su talento».

Unos años más tarde, la policía detuvo a su patrona, el taller de costura siguió funcionando unos meses sin directora, luego una ley autorizó la compra de la empresa a un precio increíblemente bajo, en el marco de la arianización de los bienes judíos. En 1945, la patrona superviviente quiso regresar a su casa. La amable empleada le enseñó el acta de venta y luego, incómoda, la invitó a cenar «en su casa» para explicarle la guerra y decirle que ella también había sufrido. La superviviente compartió una excelente comida, en su vajilla arianizada, y luego se fue a dormir a una tienda, en un campamento instalado en los alrededores.[42]

En los años treinta, estas personas se habrían muerto de vergüenza ante la idea de dejar marchar a una cámara de gas a la patrona para recuperar su taller y su vajilla, pero unos años más tarde, «el cambio del marco de vida, la rutina diaria, las costumbres, el mantenimiento de las instituciones... muchas pruebas de normalidad crearon la convicción de que todo seguía igual, como en los buenos viejos tiempos».[43] No era un crimen, ni siquiera una falta porque la ley lo permitía. «No hay motivo para sentir vergüenza —pensó la empleada—. Hasta invité a mi antigua patrona a cenar a mi casa.»

Tras la caída del nazismo en 1945, el hundimiento de las estructuras sociales «autorizó» a los soldados a violar a las mujeres alemanas. Los rusos consideraban que no era un gran crimen si se comparaba con los veinte millones de muertos, con la destrucción total de las ciudades y la ruina de los países del Este. Algunos soldados franceses también se dejaron arrastrar a este tipo de comportamientos, sin experimentar realmente la sensación de estar cometiendo un delito. Cuando regresaron a sus casas, ninguno de esos hombres se sintió culpable ni avergonzado de haber realizado un acto indigno. Cuando se obedece a una autoridad, a una ley insensata o a una pulsión sexual en un contexto de guerra donde el paso a la acción está valorado, el individuo desresponsabilizado se siente un simple engranaje del sistema. No hay freno individual cuando hay que responder a una autoridad reconocida como única responsable, o cuando el hundimiento social ha suprimido las estructuras legales y naturales. Ya no hay regulación de la empatía cuando uno piensa: «Puedo permitírmelo todo». Al comienzo de una socialización, la empatía funciona únicamente con los seres cercanos, los miembros del clan o del ejército. La ley solo existe en el seno del grupo, los otros no son en realidad seres humanos, por tanto no es un crimen violar a una mujer de otro país que es el causante del desastre que hemos sufrido.

No hay vergüenza si no hay mirada del otro.

El poder de los calcetines

«Somos los títeres de nuestros relatos.»[1] El sentimiento de vergüenza o de orgullo que aplasta nuestros cuerpos o ilumina nuestras almas procede de la representación que hacemos de nosotros mismos. Cuando utilizo la palabra «representación», me refiero a su sentido teatral. Somos los comediantes de las representaciones que hacemos con lo que nos ha sucedido, autores-actores en cierto modo. La emoción provocada por el papel que representamos en nuestro teatro íntimo depende de la importancia que otorgamos a los espectadores. Cuando la sala está vacía, no sentimos ni vergüenza ni orgullo, tan solo un poco de aburrimiento. ¿Para qué hablar? El mudo no corre riesgos, el hombre invisible no sufre por la mirada de los otros, pero no es así como viven los hombres.

El sentimiento que me envenena depende de la manera como reaccionéis. Representar el drama de mi vida ante una sala vacía carece de sentido, pero se convierte en una emoción de júbilo o de aflicción cuando me aplaudís o cuando me abucheáis.

A menudo los espectadores asisten a la representación del drama en torno a la mesa de la cocina, en su teatro cotidiano. El avergonzado querría simplemente decir dos o tres palabras sobre su infancia desgraciada. Entonces uno de los invitados exclama: «¡Pero si nos está explicando la historia de Cosette!». Todo el mundo se echa a reír. La representación se acabó. Más vale callarse, la sala está vacía, al fin y al cabo la comida es buena.

No es necesario que exista un espectador real. Basta con que esté en vuestra memoria o en vuestra imaginación, porque allí es donde el avergonzado ha instalado a su detractor íntimo. Cuando la vergüenza es muda, el detractor ocupa todo el espacio interior, su poder no es negociable. Pero cuando el herido consigue representar el drama que le ha rebajado, atenúa el desdén que le envenena. Hay que observar que al representar su vergüenza en el espacio público se entrega a la mirada de los otros. ¡Vaya! ¿Por qué decimos que «se entrega»? ¿El simple hecho de hablar daría a los otros el poder de utilizar la confesión como un arma contra nosotros?

La madre de Julien adoraba a su alevín. Y digo «alevín» porque jugaba al fútbol en el equipo de los alevines de Forcalquier. Para esta mujer la felicidad consistía en ser una buena madre. Le gustaba ocuparse de su familia, preparar las comidas para saciar a sus hijitos hambrientos y planchar la ropa con la que estaban tan guapos. El fútbol no le interesaba, pero le encantaba ver a su alevín impecablemente vestido con el pantalón blanco y la camiseta amarilla y azul del equipo local. Menos orgullosa estaba cuando, al cabo de unos minutos, los calcetines de su alevín estaban manchados de barro. Y como esa mujer deseaba organizar a la perfección la felicidad de su pequeño clan, había previsto el drama y, durante el descanso, entraba en el terreno de juego para darle al niño unos calcetines limpios. ¡Y el alevín se moría de vergüenza ante esta manifestación afectuosa!

No era el amor lo que le mataba; era el teatro de la abnegación de una madre lo que le rebajaba haciéndole representar el papel de un alevín, ¡a él, que se creía un águila! La escena de los calcetines limpios en el descanso le hacía sentirse un niño mimado ante la mirada burlona de aquellos tipos duros de apenas diez años.

La vergüenza irritaba al niño, que rechazaba a su madre. Decepcionada y herida, ella creía que su hijo no la quería cuando en realidad la desairaba para no sentirse rebajado.

La historia de esta mujer la había hecho estar pendiente del bienestar de su familia: «Lo daría todo para que fueran felices», pero su abnegación introducía en el alma de su hijo un recuerdo de humillación. Los malentendidos afectuosos no son raros en las familias en las que el apego da a los calcetines el poder de herir a las personas que uno ama.

Me pregunto si los calcetines tenían ese mismo poder en la época en que nuestra sociedad era campesina y obrera. Me acuerdo de Marguerite, la aparcera de Pondaurat, que en 1944, al acabar la guerra, dirigía la granja, distribuía las tareas de una decena de trabajadores agrícolas y, por la noche, a la hora de la cena, se sentaba silenciosa en la cabecera de la mesa. En cierto modo representaba la imagen del padre, pero del padre napoleónico a quien la sociedad había otorgado esa clase de poder.

En una estructura cotidiana de este tipo, adaptada a los imperativos agrícolas, hacía falta un jefe para gobernar el grupo y resolver los problemas de las cosechas y de la vida social. Ser físicamente fuerte, resistente al dolor y obediente era, en ese contexto, un valor fundamental. Los niños participaban en los trabajos de la granja, iban a sacar agua del pozo y guardaban los rebaños. También tenían que descalzar a los hombres al regresar de los campos. Debería haber escrito que «deszuecaban» a los hombres, ya que, en aquella época (la de vuestros padres o abuelos), había muy poco calzado de cuero. Llevaban zuecos de madera y, para evitar las ampollas, los rellenaban de paja. Por la noche, la paja se había hinchado a causa del agua y del sudor, y el trabajo de los niños consistía en tirar de los zuecos que los hombres no podían quitarse sin ayuda exterior.

En este contexto de técnica y de relaciones humanas, los calcetines no significaban nada. El detalle amable de llevar calcetines limpios a su alevín no se le habría ocurrido a ninguna madre. Para tener ese deseo y herir con él al hijo amado, hace falta que la cultura cambie de valores.

En este mundo técnico y simbólico, Edipo metaforiza la forma de establecer relaciones conflictivas con las personas que amamos, nuestras figuras de apego. Cuando una familia está claramente estructurada de este modo, el mito otorga al padre el estatus de rey de la casa, y la madre adopta en ella el papel de ídolo afectivo, intocable sexualmente. Un mundo íntimo así dispuesto es claro, en él reina el orden. Pero cuando este orden está desorganizado por el abandono de Edipo, cuando el padre está tan mal designado que ni siquiera puede saberse quién es la madre, ¡se corre el riesgo de confundirla con una mujer! El incesto, el crimen de los crímenes, es consecuencia de este desorden afectivo. «Tendría que haber visto que era mi madre —dice Edipo al vaciarse los ojos—. Pero para verlo, habría tenido que saber quién era mi padre, ¡que me lo nombraran!»

Desde hace unos decenios, nuestras sociedades prácticamente ya no son ni campesinas ni obreras. Todas las mañanas, el padre y la madre dejan al niño para ir a realizar trabajos que ya no tienen una especificidad sexual, en una sociedad donde el sector terciario se ha vuelto dominante. Por la noche, en el momento del reencuentro, los relatos de estos nuevos padres graban un nuevo mito en el alma de los niños: «Tu padre ya no es un rey que alimenta a la familia, se ha convertido en una submadre, el ayudante de la madre, si se prefiere. Tiene que asociarse con ella para facilitar el desarrollo de los individuos. Todo obstáculo a la aventura de cada una de las personas de este hogar será una herida juzgada con severidad».

Edipo se parece cada vez más a Narciso, ¿no os parece?

En esta nueva situación en que la sociedad propone a los individuos un gran abanico de aventuras personales, cualquier obstáculo es una injusticia, cualquier fracaso a la realización de sí se convierte en una herida narcisista. Nuestros avances técnicos y culturales, al cambiar los mitos, hacen de la vergüenza un sufrimiento de futuro. Por eso hoy en día nuestra cultura narcisista ha dado a los calcetines el poder de provocarnos vergüenza.

Incluso las tragedias sociales están sometidas al arte del diálogo. El sentimiento que uno experimenta en su interior depende de lo que los otros dicen de lo que se les ha dicho. El relato de mi infancia se me ha olvidado un poco. Al pedir la concesión de la medalla de los Justos para Marguerite Lajujie, hice pública una historia que yo creía íntima. ¡No había comprendido que el horror de la guerra no era nada personal! ¿Cómo pude pensar que el hecho de quemar en los hornos a once mil cuatrocientos niños, en menos de tres años, era una cuestión individual?[2]

Tras esta «revelación» irreflexiva, algunas personas me transmitieron muestras de admiración que me sorprendían y me incomodaban un poco. Nada había cambiado en mí ni en mi entorno, pero todo había cambiado en la representación que los otros se hacían de mí. Al saber de dónde venía, aquello en lo que me había convertido adquiría para esas personas un significado especial, una nueva luz que transfiguraba la realidad. Descubrían un destino, ¿una epopeya tal vez? Sin esta «revelación», habría sido un médico como cualquier otro. Pero la furia de la Segunda Guerra Mundial y el mutismo impuesto por la vuelta a la paz dieron un sentido excepcional a ese desgarro infantil. Ante la vergüenza de no tener familia, de haber sido expulsado de la sociedad y considerado un subhombre, sorprendía de repente en la mirada de los otros una curiosidad, casi una admiración que me resultaba divertida e inmerecida.

Nada había cambiado en la realidad. Todo se había metamorfoseado en su representación de esa realidad. ¡Y ya no sentía vergüenza!

Notas

1. R. Rosenblum, «Peut-on mourir de dire? Sarah Kofman, Primo Levi», *Revue Française de Psychanalyse*, LXIV, PUF, París, 2000, pp. 113-139.

2. Félie Pastorello-Boidi, comunicación personal hablando de su padre Giuseppe de La Roquette, 17 de agosto de 2009.

3. *Ibidem*.

4. *Ibidem*.

5. C. R. Browning, *Des hommes ordinaires*, trad. fr., Tallandier, París, 1992 (hay trad. cast.: *Aquellos hombres grises: el Batallón 101 y la Solución Final en Polonia*, Edhasa, Barcelona, 2002).

6. B. Probst, «Témoignage», en C. R. Browning, *Des hommes ordinaires*, p. 85.

7. *Stück*: «pieza» en alemán.

8. A. Malraux, *Antimémoires*, Gallimard, París, 1967, p. 13 (hay trad. cast.: *Antimemorias*, Sur, Buenos Aires, 1968).

1. SALIR DE LA VERGÜENZA COMO SE SALE DE UNA MADRIGUERA

1. J. Sémelin, *J'arrive où je suis étranger*, Seuil, París, 2007.

2. B. Rimé, *Le Partage social des émotions*, PUF, París, 2005 (hay trad. cast.: «El reparto social de las emociones», en A. Echeverría y D. Páez, eds., *Emociones: Perspectivas psicosociales*, Fundamentos, Madrid, 1989, pp. 459-470).

3. M. Lewis, «The emergence of human emotions», en M. Lewis y J. Haviland, eds., *Handbook of Emotions*, Guilford Press, Nueva York, 2000, pp. 265-280.

4. A. Ciccone y A. Ferrant, *Honte, culpabilité et traumatisme*, Dunod, París, 2009.

5. A. Singh-Manoux, «Partage social des émotions et comportements adaptatifs des adolescents», tesis doctoral, París-X-Nanterre, 1998, p. 235, en B. Rimé, *Le Partage social des émotions*, p. 208.

6. D. Scotto Di Vettimo, *Vivre et survivre dans la honte*, Presses Universitaires de Grenoble, Grenoble, 2006, p. 233.

7. S. Freud, *Les Pulsions et leurs destins*, trad. fr., Gallimard, París (1915), 1952 (hay trad. cast.: «Pulsiones y destino de pulsiones», en *Obras completas*, vol. XIV, Amorrortu, Buenos Aires, 1984).

8. R. Ogien, *La honte est-elle immorale?*, Bayard, París, 2002, p. 9.

9. J.-P. Sartre, *L'Être et le Néant*, Gallimard, París, 1943, pp. 275-276 (hay trad. cast.: *El ser y la nada: ensayo de ontología fenomenológica*, Losada, Buenos Aires, 1972).

10. R. Ogien, *La honte est-elle immorale?*, p. 45.

11. B. Baeza y C. Mercier, «Du besoin du regard de l'autre au souci d'être vu. Intérêt d'un briefing-débriefing dans l'annonce d'une limitation ou d'une abstention thérapeutique en service de réanimation polyvalente», tesina de licenciatura, Toulon, junio de 2009.

12. W. Gombrowicz, *Souvenirs de Pologne*, trad. fr., Gallimard, «Folio», París, 1984, p. 10 (hay trad. cast.: *Recuerdos de Polonia*, Versal, México D.F., 1985).

13. B. Michel, *Sacher-Masoch, 1836-1895*, Éditions Robert Laffont, París, 1989, p. 18 (hay trad. cast.: *Leopold Sacher-Masoch*, Circe, Barcelona, 1992).

14. *Ibid.*, p. 81.

15. P. Levi, *Si c'est un homme*, trad. fr., Julliard, París, 1987 (hay trad. cast.: *Si esto es un hombre*, Muchnik, Barcelona, 1998).

16. B. Rimé, B. Mesquita, P. Philippot y S. Boca, «Beyond the emotional event: Six studies on the social sharing of emotion», *Cognition and Emotion*, 5 (5/6), 1991, pp. 435-465.

17. N. Lavillumière y T. Cruz, «Vacillement des sauveteurs», en P. Clervoy, ed., *Les Psy en intervention*, Doin, París, 2009, pp. 58-59.

18. V. de Gaulejac, *Les Sources de la honte*, Desclée de Brouwer, París, 1996, p. 230 (hay trad. cast.: *Las fuentes de la vergüenza*, Mármol Izquierdo, Buenos Aires, 2008).

19. N. Abraham y M. Torok, *L'Écorce et le Noyau*, Flammarion, París, 1978; y B. Cyrulnik, *Le Murmure des fantômes*, Odile Jacob, París, 2003 (hay trad. cast.: *El murmullo de los fantasmas: volver a la vida después de un trauma*, Gedisa, Barcelona, 2003).

20. L. Lelay, P. Bouhours, C. Blasco y B. Cyrulnik, seminario «Sport et résilience», París, octubre de 2009.

21. V. de Gaulejac, *Les Sources de la honte*, p. 255.

22. E. Bloch-Dano, *Romy Schneider, la biographie*, Grasset, París, 2007, p. 56.

23. *Ibid.*, p. 87.

24. P. Sichrovsky, *Naître coupable, naître victime*, trad. fr., Maren Sell et Cie, París, 1987, pp. 39, 41 y 44.

25. P. Levi, *Les Naufragés et les rescapés*, trad. fr., Gallimard, París, 1989 (hay trad. cast.: *Los hundidos y los salvados*, Muchnik, Barcelona, 2000).

26. V. de Gaulejac, *Les Sources de la honte*, p. 249.

27. R. Kévorkian, *Le Génocide des Arméniens*, Odile Jacob, París, 2006, p. 221.

28. FTP-MOI: Francotiradores partisanos-Mano de obra inmigrante.

29. M. Laclef-Feldman, seminario en Tel-Aviv, «Les enfants cachés», marzo de 2008, y «La matrifocalité antillaise: son évolution», *Journal International de Victimologie*, tomo 6, n.º 4, julio de 2008.

30. H. Ciccone y A. Ferrant, *Honte, culpabilité et traumatisme*, p. 103.

31. S. Ionescu, M.-M. Jacquet y C. Lhote, *Les Mécanismes de défense. Théorie et clinique*, Nathan Université, París, 1997, p. 247.

32. J. Lighezzolo y C. de Tichey, *La Résilience. Se (re)construire après le traumatisme*, In Press Éditions, París, 2004.

33. S. Freud, «Le roman familial des névrosés», en *Névrose, psychose et perversion*, trad. fr., PUF, París (1909), 1974, pp. 157-160 (hay trad. cast.: «La novela familiar de los neuróticos», en *Obras completas*, vol. IX, Amorrortu, Buenos Aires, 1978).

34. A. Palacz, *Je t'aime ma fille, je t'abandonne*, Elkana, Jerusalén, 2009, pp. 29-30.

35. M. Myquel, «Le mensonge», en D. Houzel, M. Emmanuelli y F. Moggio, *Dictionnaire de psychopathologie de l'enfant et de l'adolescent*, PUF, París, 2000, p. 416.

36. E. Dupré, *Pathologie de l'imagination et de l'émotivité*, Payot, París, 1936.

37. N. Cyrulnik, *Je me drogue à l'imaginaire*, Théâtre Marseille-Toulon, 2006.

38. F. Amiel-Lebigre y M. Gognalons-Nicolet, *Entre santé et maladie*, PUF, París, 1993.

39. D. Lagache, «La sublimation et les valeurs», en *De la fantaisie à la sublimation, Œvres V*, PUF, París, 1962-1984, pp. 1-72.

40. P. Janet, *Névroses et idées fixes*, 2 vols., Société Pierre-Janet, París, 1990.

41. G. Durand, prefacio a Pascal Hachet, *Les Mensonges indispensables*, Armand Colin, París, 1999, p. 10 (hay trad. cast.: *La mentira necesaria*, Síntesis, Madrid, 2000).

42. B. Cyrulnik, *Parler d'amour au bord du gouffre*, Odile Jacob, París, 2004, p. 70 (hay trad. cast.: *El amor que nos cura*, Gedisa, Barcelona, 2005).

43. P. Ricœur, *Temps et récit*, tomo II, Seuil, París, 1983 (hay trad. cast.: *Tiempo y narración*, tomo II, Siglo XXI, México, 2000-2003).

44. B. Chouvier, *Les Fanatiques*, Odile Jacob, París, 2009, pp. 149-150.

45. P. Gilbert, J. S. Price y S. Allan, «Social comparison attractiveness and evolution: How might they be related?», *New Ideas in Psychology*, 1995, 13, pp. 149-165.

46. S. Tisseron, *La Honte. Psychanalyse d'un lien social*, Dunod, París, 1992, p. 46.

47. L. Bersani, *Repenser l'identité*, Odile Jacob, París, 1998, pp. 137-152.

48. J. Genet, *Journal du voleur*, Gallimard, París (1949), 1982 (hay trad. cast.: *Diario del ladrón*, Planeta, Barcelona, 1976).

49. P. Hachet, *Le Mensonge indispensable*, p. 104.

2. LA MUERTE EN EL ALMA. PSICOLOGÍA DE LA VERGÜENZA

1. J.-M. Vidal, «Esprit (Théorie de l')», en D. Houzel, M. Emmanuelli y F. Moggio, *Dictionnaire de psychopathologie de l'enfant et de l'adolescent*, pp. 250-252.

2. B. Golse, *Exister*, PUF, París, 1990.

3. D. Stern, *Le Monde interpersonnel du nourrisson*, trad. fr., PUF, París, 1985 (hay trad. cast.: *El mundo interpersonal del infante*, Paidós, Barcelona, 1991).

4. Si quieren descubrir un islam simpático, léase: M. Chebel, *Manifeste pour un islam des Lumières*, Hachette Littératures, París, 2004.

5. C. Z. Malatesta-Magai y B. Dorval, «Language affect, and social order», en M. Gunnar y M. Maratsos, eds., *Modularity and Constraints in Language and Cognition. Minnesota Symposia on Child Psychology*, Hillsdale (New Jersey), Erlbaum, vol. 25, 1992, pp. 139-178.

6. M. Lewis, *Shame. The Exposed Self*, The Free Press, Nueva York, 1992.

7. J.-P. Martin, *Le Livre des hontes*, Seuil, París, 2006, p. 76.

8. G. W. Brown, T. D. Harris y C. Hepworth, «Loss, humiliation, and entrapment among women developing depression: A patient and non-patient comparison», *Psychological Medicine*, 1995, 25, pp. 7-21.

9. A. N. Schore, «Early shame experiences and infant brain development», en P. Gilbert y B. Andrews, *Shame*, Oxford University Press, Nueva York, 1998, pp. 57-72.

10. S. Ferenczi, «Psychanalyse des névroses de guerre», en *Œuvres complètes. Psychanalyse III*, trad. fr., Payot, París, 1974, pp. 27-43 (hay trad. cast.: *Obras completas*, Espasa-Calpe, Madrid, 1981-1984).

11. S. Schauder, «Traumatisme, création artistique et résilience», tesis HDR, París-VIII, 8 de junio de 2009.

12. A. Ciccone y A. Ferrant, *Honte, culpabilité et traumatisme*, p. 28.

13. P. Benghozi, «Porte-la-honte et maillage des contenants généalogiques, familiaux et communautaires en thérapie familiale», *Revue de Psychothérapie Psychanalytique de Groupe*, 22, 1995, pp. 81-94.

14. N. Abraham y M. Torok, *L'Écorce et le Noyau*, Flammarion, París, 1978.

15. A. Ciccone y A. Ferrant, *Honte, culpabilité et traumatisme*, p. 8.

16. P. Gay, *Freud. Une vie*, trad. fr., Hachette, París, 1991, pp. 16-17 (hay trad. cast.: *Freud: una vida de nuestro tiempo*, Paidós, Barcelona, 1989).

17. I. Hermann, *L'Instinct filial*, trad. fr., Denoël, París, 1943, 1972, p. 39.

18. H. F. Harlow, «Love created, love destroyed, love regained», en *Modèles animaux du comportement humain*, Ediciones del CNRS, París, 1972, pp. 13-62.

19. J. Bowlby, *L'Attachement*, trad. fr., PUF, París, 1978 (hay trad. cast.: *El apego*, Paidós, Barcelona, 1998).

20. S. Tisseron, *La Honte. Psychanalyse d'un lien social*, Dunod, París, 1992.

21. V. de Gaulejac, *Les Sources de la honte*, Desclée de Brouwer, París, 1996 (hay trad. cast.: *Las fuentes de la vergüenza*, Mármol Izquierdo, Buenos Aires, 2008).

22. C. Clément, *Mémoire*, Stock, París, 2009, p. 238.

23. D. Scotto Di Vettimo, *Vivre et survivre dans la honte*, p. 164.

24. G. Agamben, *Ce qui reste d'Auschwitz*, trad. fr., Payot/Rivages, París, 1999, p. 171 (hay trad. cast.: *Lo que queda de Auschwitz: el archivo y el testigo: homo sacer III*, Pre-Textos, Valencia, 2000).

25. B. Kilborne, «Fantasmes lilliputiens et sentiments de honte», *Le Coq-Héron*, 1992, p. 46.

26. J. Barudy y M. Dantagnan, «Traumatismes précoces et troubles de l'attachement», Universidad Toulon-Sud, 19 de junio de 2010.

27. B. Pierrehumbert, «Modèle interne opérant», en D. Houzel, M.

Emmanuelli y F. Moggio, *Dictionnaire de psychopathologie de l'enfant et de l'adolescent*, p. 422.

28. P. Gorwood, «Événements de vie et dépressions», en *Mesurer les événements de vie en psychiatrie*, Masson, París, 2004, p. 109.

29. A. Ferrant, «La honte et l'emprise», *Revue Française de Psychanalyse*, 5, 2004, pp. 97-104.

30. D. W. Harder, «Shame and guilt assessment and relationships of shame-and-guilt proneness to psychopathology», en J. P. Tangney y K. W. Fischer, eds., *Self-conscious Emotions: The Psychology of Shame, Guilt, Embarrassment, and Pride*, The Guilford Press, Nueva York, 1995, pp. 368-392.

31. R. Rosenblum, «Peut-on mourir de dire? Sarah Kofman, Primo Levi», pp. 113-139.

32. M. Lewis, *Shame*, ed. cit.

33. P. Benghozi, «Résilience sociale et communautaire: pour un travail de pardon», *La Santé de l'homme*, INPES, 2003.

34. M. Chamalidis, *Splendeurs et misères des champions. L'identité masculine dans le sport de haut niveau*, VLB, Montreal, 1999; y seminario «Sport et résilience», París, Eurosport, 7 de junio de 2010.

3. Vergüenza injusta

1. M.-H. Dufour, L. Nadeau y K. Bertrand, «Les facteurs de résilience chez les victimes d'abus sexuels: état de la question», *Child Abuse and Neglect*, vol. 24, n.° 6, 2000, pp. 781-797.

2. A. Boulay, *La Lettre de l'APEV*, n.° 40, octubre de 2009.

3. J. Aubut, dir., *Les Agresseurs sexuels*, Maloine, Montreal/París, 1993.

4. A. Carr, E. Flanagan, B. Dooley, M. Fitzpatrick, R. Flanagan-Howard, M. Shelvin, K. Tierney, M. White, M. Daly y J. Egan, «Profiles of Irish survivors of institutional abuse with different adult attachment styles», *Attachment and Human Development*, vol. 11, n.° 2, marzo de 2009, pp. 183-201.

5. M. Rutter, «The psychological effects of early institutional rearing», en P. J. Marshall y N. A. Fox, eds., *The Development of Social Engagement: Neurobiological Perspectives*, Oxford University Press, Nueva York, Oxford, 2006, pp. 355-391.

6. B. Cyrulnik, M. Delage, M.-N. Blein, S. Bourcet y A. Dupays, «Modification des styles d'attachement après le premier amour», *Annales Médico-Psychologiques*, 167, 2007, pp. 154-161.

7. J. Wright, W. N. Friedrich, M. Cyr, C. Thierault, A. Pierron, Y. Lussier y S. Sabourin, «The evaluation of Franco-Quebec victims of child sexual abuse and theirs mothers. The implementation of a standard assessment protocol», *Child Abuse and Neglect*, 22, 1998, pp. 9-23.

8. Y. Stevens y C. Denis, «Enfant, parent, professionnel: les vécus transversaux dans les situations d'abus sexuels», *Le Journal des Psychologues*, n.º 264, febrero de 2009.

9. S. L. Morrow y M. L. Smith, «Constructions of survival and coping by women who have survived childhood sexual abuse», *Journal of Counseling Psychology*, 42, 1995, pp. 24-33.

10. R. Varia, R. R. Abidin y P. Dass, «Perceptions of abuse: Effects on adult psychological and social adjustment», *Child Abuse and Neglect*, 20, 1996, pp. 511-526.

11. V. Péronet, «Le parcours. Corneille», *Psychologies Magazine*, diciembre de 2009.

12. *Ibidem*.

13. C. de Tichey, seminario «Laboratoire Ardix», París, diciembre de 2008.

14. A. Duperey, *Le Voile noir*, Seuil, «Points», París, 2002. Los padres murieron juntos asfixiados en su casa cuando Anny tenía ocho años y medio.

15. N. Castioni, *Le Soleil au bout de la nuit*, Albin Michel, París, 1998, p. 123.

16. *Ibid.*, p. 204.

17. V. Péronet, «Le parcours. Corneille».

18. S. Roth y E. Newman, «The process of coping with incest for adult survivors. Measurement and implications for treatment and research», *Journal of Interpersonal Violence*, 8, 1993, pp. 363-377.

19. E. Deblicker y B. Deblicker, *L'Impossible Deuil*, Le Cherche-Midi, París, 2007, p. 49.

20. M. P. Celano, «A developmental model of victim's internal attribution of responsability for sexual abuse», *Journal of Interpersonal Violence*, 7, 1992, pp. 57-69.

21. S. Spaccarelli y S. Kim, «Resilience criteria and factors associated with resilience in sexually abused girls», *Child Abuse and Neglect*, 19, 1995, pp. 1.171-1.182.

22. J. M. Chandy, R. W. Blum y M. D. Resnick, «Female adolescents with a history of sexual abuse. Risk outcome and protective factors», *Journal of Interpersonal Violence*, 11, 1996, pp. 503-518.

23. S. Luthar y L. Zelazo, «Research on resilience: An integrative review», en S. Luthar, ed., *Resilience and Vulnerability Adaptation in the Context of Childhood Adversities*, Cambridge University Press, Cambridge, 2003, pp. 510-550.

24. J. Hodges y B. Tizard, «Social and family relationships of ex-institutional adolescents», *Journal of Child Psychology and Psychiatry*, 30, 1989, pp. 77-97.

25. N. Castioni, *Le Soleil au bout de la nuit*, p. 30.

26. S. R. Gold, L. D. Milan, A. Mayall y A. E. Johnson, «A cross-validation study of the trauma symptom checklist. The role of mediating variables», *Journal of Interpersonal Violence*, 9, 1994, pp. 12-26.

27. B. Rimé, *Le Partage social des émotions*, PUF, París, 2005 (hay trad. cast.: «El reparto social de las emociones», en A. Echevarría y D. Páez, eds., *Emociones: perspectivas psicosociales*, Fundamentos, Madrid, 1989, pp. 459-470).

28. A. Bateman y P. Fonagy, *Mentalization-based Treatment for Borderline Personality Disorder*, Oxford University Press, Nueva York, 2006.

29. M. Testa, B. A. Miller, W. R. Downs y D. Panck, «The moderating impact of social support following childhood sexual abuse», *Violence and Victims*, 7, 1992, pp. 173-186.

30. M. Chaffin, J. N. Wherry y R. Dykman, «School age children's coping with sexual abuse: Abuse stresses and symptoms associated with four coping strategies», *Child Abuse and Neglect*, 21, 1997, pp. 227-246.

31. C. McNulty y J. Wardle, «Adult disclosure of sexual abuse: A primary cause of psychological distress», *Child Abuse and Neglect*, 18, 1994, pp. 549-555.

32. C. McMillen, G. Rideout y S. Zuravin, «Received benefit from child sexual abuse», *Journal of Consulting and Clinical Psychology*, 63, 1995, pp. 1.027-1.042.

33. G. E. Wyatt, M. Newcomb, M. Reerdale y C. Notgrass, *Sexual Abuse and Consensual Sex: Women's Developmental Patterns and Outcomes*, Newbury Park (California), Sage, 1993.

34. J. N. Brière y D. M. Eliott, «Immediate and long-term impacts of child sexual abuse», *The Future of Children*, 4 (2), 1994, p. 54.

35. E. Habimana, L. S. Éthier, D. Petot y M. Tousignant, *Psychopathologie de l'enfant et de l'adolescent*, Gaëtan Morin, Montreal, 1999, p. 628.

36. J.-P. Klein, «Comment traiter sans violence les enfants violentés», *Sexologies*, n.º 29, noviembre de 2007.

37. K. A. Kendall-Tackett, L. M. Williams y D. Finkelhor, «Impact of sexual abuse on children: Review and synthesis of recent empirical studies», *Psychological Bulletin*, 113, 1993, pp. 164-180.

38. S. Spaccarelli, «Stress, appraisal, and coping in child sexual abuse: A theoretical and empirical review», *Psychological Bulletin*, 116, 1994, pp. 1-23.

39. P. Benghozi, «Psychiatrie sans frontières», Universidad Toulon-Sud, marzo de 2009.

40. J. Wright, Y. Lussier, S. Sabourin y A. Pierron, *L'Abus sexuel à l'endroit des enfants*, Gaëtan Morin, Montreal, 1999, p. 627.

41. M. Rutter, D. Quinton y J. Hill, «Adult outcome of institution-reared children: Males and females compared», en L. Robins y M. Rutter, eds., *Straight and Devious Pathways from Chilhood to Adulthood*, Cambridge University Press, Nueva York, 1990, pp. 135-157.

42. B. Cyrulnik, *Parler d'amour au bord du gouffre*, Odile Jacob, París, 2004, pp. 150-156.

43. A. Carr, E. Flanagan, B. Dooley, M. Fitzpatrick, R. Flanagan-Howard, M. Heulin, K. Tierney, M. White, M. Daly y J. Egan, «Profiles

of Irish survivors of institutional abuse with different adult attachment styles», p. 185.

44. L. Valentine y L. Feinauer, «Resilience factors associated with female survivors of childhood sexual abuse», *The American Journal of Family Therapy*, vol. 21, n.° 3, 1993.

45. C. M. O'Sullivan, «The relationship between childhood mentors and resiliency in adult children of alcoholics», *Family Dynamics of Addiction Quarterly*, 4 (1), 1991, pp. 46-59.

4. Biología de la vergüenza

1. S. J. Suomi, «Attachment in rhesus monkeys», en J. Cassidy y P. Shaver, *Handbook of Attachment*, The Guilford Press, Nueva York, 1999, pp. 181-197.

2. C. M. Berman, «Immature siblings and mother-infant relationships among free-ranging rhesus monkeys on Cayo-Santiago», *Animal Behaviour*, 44, 1992, pp. 247-258.

3. S. J. Suomi y S. Levine, «Psychobiology of intergenerational effects of trauma: Evidence from animal studies», en Y. Danieli, ed., *International Handbook of Multigenerational Legacies of Trauma*, Plenum Press, Nueva York, 1998, pp. 623-637.

4. J. D. Higley, S. J. Suomi y M. Linnola, «A nonhuman-primate model of Type II alcoholism? Diminished social competence and excessive agression correlates with low CSF-HIAA concentrations», *Alcoholism: Clinical and Experimental Research*, 20, 1996, pp. 643-650.

5. M. Champoux, J. D. Higley y S. J. Suomi, «Behavioral and physiological characteristics of Indian and Chinese-Indian hybrid rhesus macaque infants», *Developmental Psychology*, 31, 1997, pp. 49-63.

6. M. W. Andrews y L. A. Rosenblum, «Security of attachment in infants raised invariable —or low— demand environments», *Child Development*, 62, 1991, pp. 686-693.

7. S. J. Suomi y S. Levine, «Psychobiology of intergenerational effects of trauma: Evidence from animal studies», pp. 622-637.

8. M. A. Hoffer, «Hidden regulators: Implications for a new understanding of attachment, separation and loss», en S. Goldberg, R. Muir y J. Kerr, eds., *Attachment Theory: Social, Developmental, and Clinical Perspectives*, The Analytic Press, Hillsdale (New Jersey), 1995, pp. 203-232.

9. J. A. Feeney, «Implications of attachment style for patterns of health and illness», *Child Care Health Development*, 26, 2000, pp. 277-288; y A. Guedeney, «Psichosomatique et développement», en A. Green, F. Varela y J. Stewart, *Psychanalyse et science du vivant*, Eshel, París, 1995.

10. L. P. Lesch, J. Meyer, K. Glatz, G. Flugge, A. Hinney, J. Hebebrand, J. Klauck, A. Poutska, F. Poutska, D. Bengel, R. Mossner, P. Riederer y A. Heils, «The 5-HT transporter gene-linked polymorphic region (5 HTTLPR) in evolutionary perspectives: Alternative allelic variation of human serotonin transport gene expression», *Journal of Neuro-Chemistry*, 6, 1997, pp. 2.621-2.624.

11. K. H. Brisch, *Treating Attachment Disorders*, The Guilford Press, Nueva York, 2002, pp. 244-245.

12. D. Le Breton, *Les Passions ordinaires*, Armand Colin, París, 1998, p. 139 (hay trad. cast.: *Las pasiones ordinarias*, Nueva Visión, Buenos Aires, 1999).

13. M. Tousignant, «Influence de l'enfance», en *Origines sociales et culturelles des troubles psychologiques*, PUF, París, 1992, pp. 113-134.

14. A. Caspi, J. McClay, T. E. Moffit, J. Mill, J. Martin, I. W. Graig, A. Taylor y R. Poulton, «Role of genotype in the cycle of violence in maltreated children», *Science*, n.° 97, 2002, pp. 851-854.

15. A. M. Rydell, G. Bohlin, L. B. Thorell, «Representation of attachment to parents and shyness as predictors of children relationships with teachers and peer competence in preschool», *Attachment and Human Development*, 7 (2), junio de 2005, pp. 187-204.

16. J. Cosnier y C. Kerbrat-Orecchioni, eds., *Décrire la conversation*, Presses Universitaires de Lyon, Lyon, 1987.

17. D. Morris, *La Clé des gestes*, Grasset, París, 1997, p. 73.

18. R. N. Emde, «Social referential research: Uncertainty, self and the search of meaning», en R. Feiman *et al.*, *Social Referencing and the*

Social Construction of Reality in Infancy, Premium Press, Nueva York, 1992, pp. 79-94.

19. D. L. Nathanson, *Shame and Pride. Affect, Sex, and the Birth of the Self*, W. W. Norton & Company, Nueva York-Londres, 1992, p. 187.

20. S. Freud, *Nouvelles Conférences d'introduction à la psychanalyse*, trad. fr., Gallimard, París, 1984, p. 87 (hay trad. cast.: *Nuevas conferencias de introducción al psicoanálisis*, en *Obras completas*, vol. XXII, Amorrortu, Buenos Aires, 1979).

21. J. T. Cacioppo, O. J. Klein, G. C. Berntson y E. Hattfield, «The psychophysiology of emotion», en M. Lewis y J. M. Havilland, eds., *Handbook of Emotions*, pp. 119-142.

22. E. Z. Tronick y J. F. Cohn, «Infant-mother face-to-face interaction. Age and gender differences in coordination and the occurrence of miscoordination», *Child Development*, 60, 1989, pp. 85-92; y J. Barudy, tesis de licenciatura «Attachements et systèmes familiaux», Universidad Toulon-Sud, 19 de junio de 2010.

23. T. Singer, B. Seymour, J. O'Doherty, H. Kaube, R. J. Dolan y C. D. Frith, «Empathy for pain involves the affective but not sensory components of pain», *Science*, 20 de febrero de 2004, vol. 303, pp. 1.156-1.161; y B. Cyrulnik, *De chair et d'âme*, Odile Jacob, París, 2006 (hay trad. cast.: *De cuerpo y alma: neuronas y afectos: la conquista del bienestar*, Gedisa, Barcelona, 2007).

24. M.-C. Bomsel y B. Cyrulnik, «Bébés animaux: sommes-nous si différents?», *Terre Sauvage*, n.º 250, junio de 2009.

25. Oxitocina: hormona segregada por la glándula hipofisaria. Facilita las contracciones uterinas y la lactación. Su tasa aumenta en la mujer después de una relación sexual o tras una agradable actividad cultural.

26. J. André, B. Zeau, M. Pohl, F. Cesselin, J. J. Benoliel y C. Becker, «Involvement of cholecystokininergic systems in anxiety-induced hyperalgesia in male rats: Behavioral and biochemical studies», *The Journal of Neuroscience*, 25 (35), 2005, pp. 7.896-7.904.

27. J. Panksepp, *Affective Neuroscience. The Foundations of Human and Animals Emotions*, Oxford University Press, Nueva York, 1998, pp. 11 y 206-222.

28. C. Becker, M. Thiébot, Y. Touitou, M. Hamon, F. Cesselin y J. J. Benoliel, «Enhanced cortical extracellular levels of cholecystokinin-like material in a model of anticipation of social defeat in the rat», *The Journal of Neuroscience*, 21, 2001, pp. 262-269.

29. M. S. George, A. Ketter, T. A. Kimbrell, A. M. Speer, J. Lorberbaum, C. Liberatos, Z. Nahas y R. Post, «Neuroimaging approaches to the study of emotion», en J. C. Borod, *The Neuropsychology of Emotion*, Oxford University Press, Nueva York, 2000, pp. 106-128.

30. J. Panksepp, *Affective Neuroscience*, pp. 276-277.

31. *Ibidem*.

32. W. Danziger y J. C. Willer, «Tension-type headache as the unique pain experience of a patient with congenital insensitivity to pain», *Science*, vol. 302, octubre de 2003.

33. F. Sironi, seminario «Laboratoire Ardix», París, marzo de 2009.

34. A. Adler, *Le Sens de la vie*, trad. fr., Payot, París, 1991 (hay trad. cast.: *El sentido de la vida*, Luis Miracle, Barcelona, 1970).

35. J. Panksepp, *Affective Neuroscience*, p. 33.

36. D. Amsallem, *Au miroir de son œuvre. Primo Levi*, Éditions du Cosmogone, Lyon, 2001, p. 26.

37. F. Hölderlin, *Poèmes de la folie de Hölderlin*, trad. fr., Gallimard, París, 1963 (hay trad. cast.: *Poemas de la locura: precedidos de algunos testimonios de sus contemporáneos sobre los «años oscuros» del poeta*, Hiperión, Madrid, 1988).

38. P. Levi, *Si c'est un homme*, p. 76.

39. J. O. Robinson, M. Rosen, S. I. Revill, H. David y G. A. D. Russ, «Self-administrated intraveinous and muscular pethidine», *Anesthesia*, 35, 1980, pp. 763-770.

40. A. Baddeley, *La Mémoire humaine. Théorie et pratique*, trad. fr., Presses Universitaires de Grenoble, Grenoble, 1993, p. 410.

41. M. Anissimov, *Primo Levi*, J.-C. Lattès, París, 1996, p. 12.

42. *Ibid.*, p. 574.

43. J. Bowlby, *L'Attachement*, trad. fr., tomo I, *Attachement et perte*, pp. 233-239.

44. G. de Gaulle, *La Traversée de la nuit*, Seuil, París, 1998 (hay trad. cast.: *La travesía de la noche*, Arena Libros, Madrid, 2006).

45. R. Jouvent, *Le Cerveau magicien*, Odile Jacob, París, 2009, p. 133.

46. A. de Musset, «La nuit de mai», citado por R. Jouvent, *Le Cerveau magicien*, p. 134.

5. Rojo de vergüenza

1. W. Lahaye y D. Burrick, «La résilience scolaire, entre destin et destinée», en B. Cyrulnik y J.-P. Pourtois, *École et Résilience*, Odile Jacob, París, 2007, pp. 105-126.

2. D. Gayet, «Réussite et échec paradoxaux», en B. Cyrulnik y J.-P. Pourtois, *École et Résilience*, p. 43.

3. C. Zaouche-Gaudron, coord., «Précarités», *Empan*, n.º 60, 2005.

4. G. Jorland, *Une société à soigner. Hygiène et salubrité publiques en France au XIXe siècle*, «Le massacre des nourrissons», Gallimard, París, 2010, pp. 129-147.

5. E. Leroy Ladurie, *Le Siècle des Platter, 1499-1622*, tomo 1, *Le Mendiant et le Professeur*, Fayard, París, 1995.

6. A. Gianfrancesco, «Une littérature de résilience? Essai de définition», en M. Manciaux, *La Résilience. Résister et se construire*, Médecine et Hygiène, Ginebra, 2001, pp. 21-32.

7. Unicef, *La Situation des enfants dans le monde*, número especial, 2009.

8. *Ibid.*, p. 7.

9. E. Ehrensaft y M. Tousignant, «Immigration and resilience», en D. L. Sam y J. W. Berry, *Acculturation Psychology*, Cambridge University Press, Nueva York, 2006, pp. 469-483.

10. C. Rousseau, M. Morales y P. Foxen, «Going home: Giving voice to memory. Strategies of young Mayan refugees who returned to Guatemala as a community», *Culture, Medicine and Psychiatry*, 25, 2001, pp. 135-168.

11. Marie-France Cathelat, comunidad instalada en Monterrey, al nordeste de Lima. La ONG Cedapp impulsa allí una Yachaywasi (Casa del saber).

12. G. Garland, *Understanding Trauma*, Karmel, Londres-Nueva York, 2002, p. 197.

13. G. Bibeau, C. Sabatier, E. Corin y M. Tousignant, «La recherche sociale anglo-saxonne en santé mentale. Tendances, limites et impasses», *Santé mentale au Québec*, 14, 1989, pp. 103-120.

14. G. Bibeau, A. M. Cha-Yip, M. Lock, C. Rousseau y C. Sterlin, *La Santé mentale et ses visages. Un Québec pluriethnique au quotidien*, Gaëtan Morin, Montreal, 1992.

15. E. Fombonne, «Psychopathologie des enfants antillais: une approche épidémiologique», *Psychologie Médicale*, 19, 1987, pp. 103-105.

16. C. Sabatier, *La Culture, l'immigration et la santé mentale des enfants*, Gaëtan Morin, Montreal, 1999, p. 533.

17. M. Beiser, R. Dion, A. Gotowiec, I. Hyman y N. Vu, «Immigrant and refugee children in Canada», *Canadian Journal of Psychiatry*, 40, 1995, pp. 67-72.

18. C. Sabatier y M. Holveck, «La réussite scolaire des enfants issus de l'immigration: une étude exploratoire des conditions familiales», *Revue Internationale de l'Éducation Familiale*, vol. 4, n.º 1, 2000.

19. J. Lenzini, *Albert Camus*, Toulouse, Milán, «Les essentiels»; y J. Lenzini, *Les Derniers Jours de la vie d'Albert Camus*, Actes Sud, Arles, 2009.

20. T. Ben Jelloun, *Sur ma mère*, Gallimard, París, 2008.

21. K. K. Minde, R. Minde y S. Musisi, «Some aspects of description of the attachment system in young children: A transcultural perspective», en E. J. Anthony y C. Chiland, *Children in Turmoil: Tomorrow's Parents*, John Wiley, Nueva York, 1982, trad. fr., *L'Enfant dans sa famille. Le développement en péril*, PUF, París, 1985, pp. 263-284.

22. A. Palacz, *Je t'aime ma fille, je t'abandonne*, Elkana, Jerusalén, 2009.

23. *Ibid.*, p. 141.

24. *Ibidem*.

25. D. A. O'Donnel, M. E. Schab-Stone y A. Z. Muyeed, «Multidimensional resilience in urban children exposed to commiting violen-

ce», *Child Development*, vol. 73, n.º 4, 2002, pp. 1.265-1.282; y Boris Cyrulnik, intervención en una favela de São Paulo, 2009.

26. L.-A. Vallet y J.-P. Caille, «Les élèves étrangers ou issus de l'immigration dans l'école et le collège français», *Les Dossiers d'éducation et de formation*, 1996, p. 67.

27. A. Marsella, A. Wandersman y D. Cantor, «Psychology and urban initiatives: Professional and scientific opportunities and challenges», *American Psychologist*, 53, 1998, pp. 621-623.

28. B. K. Attar, G. Guerra y P. H. Tolan, «Neighborhood disadvantage, stressful life events and adjustments in urban elementary-school children», *Journal of Clinical Psychology*, 23, 1994, pp. 391-400.

29. J. Khalil, «Jouteya de Derb Ghallef. La résilience des exclus», *Economia*, n.º 2, 2008, pp. 68-79.

30. G. Bensoussan, *Europe, une passion génocidaire*, Mille et Une Nuits, París, 2009.

31. *El viejo y el niño*, película de Claude Berri (1967), con Michel Simon, inspirada en los recuerdos personales del director.

32. Asociación de Amigos de la Comisión Central de la Infancia, *Les Juifs ont résisté en France, 1940-1945*, AACCE, París, 2009; e I. M. Guillon y P. Laborie, *Mémoire et Histoire: la Résistance*, Privat, Toulouse, 1995.

33. J.-P. Klein, «Comment traiter sans violence les enfants violentés», *Sexologies*, n.º 29, noviembre de 2007.

34. C. Lewertowski, *Les Enfants de Moissac (1939-1945)*, Flammarion, París, 2008.

35. P. Breton, *Les Refusants*, La Découverte, París, 2009, p. 139.

36. H. Arendt, *Eichmann à Jérusalem*, trad. fr., Gallimard, París, 1997, p. 85 (hay trad. cast.: *Eichmann en Jerusalén: un estudio sobre la banalidad del mal*, Lumen, Barcelona, 2000).

37. G. Lenorman, *Je suis né à vingt ans*, Calmann-Lévy, París, 2007.

38. F. Virgili, «Enfants de Boches: The war children in France», en K. Ericsson y E. Simonsen, eds., *Children of World War II*, Berg, Nueva York, 2005.

39. A. Garapon, *Des crimes qu'on ne peut ni punir ni pardonner*, Odile Jacob, París, 2002, p. 211.

40. H. Berr, *Journal 1942-1944*, Tallandier/Points, París, 2009, p. 65.

41. L. Thuram, *Mes étoiles noires. De Lucy à Barack Obama*, Philippe Rey, París, 2010.

42. H. Ellenberger, «Jardin zoologique et hôpital psychiatrique», en A. Brion y H. Ey, *Psychiatrie animale*, Desclée de Brouwer, París, 1964, pp. 560-568.

43. L. Malson, *Les Enfants sauvages*, París, 10/18, 2009.

44. R. Reed, *Bedlam on the Jacobean Stage*, Harvard University Press, Nueva York, 1952.

45. F. Fanon, *Peau noire, masques blancs*, Seuil, París, 1961 (hay trad. cast.: *Piel negra, máscaras blancas*, Akal, Madrid, 2009).

46. M. Laclef-Feldman, «La matrifocalité antillaise: son évolution», *JIDV 19*, 2008, 6, 4, y «Marche des descendants d'esclaves» organizada por la pareja Romana, 1998.

6. Una pareja bien avenida: vergüenza y orgullo

1. Ph. Ariès y G. Duby, *Histoire de la vie privée*, Seuil, París, tomo I, 1985, p. 457 (hay trad. cast.: *Historia de la vida privada*, Taurus, Madrid, 1987-1990).

2. M. Godelier, *La Production des grands hommes*, Fayard, París, 1996 (hay trad. cast.: *La producción de los grandes hombres, poder y dominación masculina entre los baruya de Nueva Guinea*, Akal, Madrid, 1986).

3. Ph. Ariès y G. Duby, *Histoire de la vie privée*, pp. 454-455.

4. F. Quentin, «L'obsession de la virginité», *Le Monde des Religions*, n.º 39 bis, enero-febrero de 2010

5. E. Harding, *Les Mystères de la femme*, trad. fr., Payot, París, 2001 (hay trad. cast.: *Los misterios de la mujer*, Obelisco, Barcelona, 1995).

6. Ph. Ariès, «Le mariage indissoluble», en Ph. Ariès y A. Bejin, eds., *Sexualités occidentales*, Seuil, «Points», París, 1982, pp. 164-165 (hay trad. cast.: *Sexualidades occidentales*, Paidós, Barcelona, 1987).

7. A. Rauch, *Le Premier sexe. Mutation et crise de l'identité masculine*, Hachette Littératures, París, 2000, p. 24.

8. N. Lindisfarne, «Gender, shame and culture: An anthropological perspective», en P. Gilbert y B. Andrews, eds., *Shame*, p. 254.

9. G. Vigarello, *Histoire du viol, XVIe-XXe siècle*, Seuil, París, 1998, p. 42.

10. N. Kadiri y S. Berrada, *Manuel d'éducation sexuelle*, Le Fennec, Casablanca, 2009, pp. 15-16.

11. Ph. Ariès, «L'amour dans le mariage», en Ph. Ariès y A. Bejin, eds., *Sexualités occidentales*, p. 142.

12. J. Lafitte-Houssat, *Troubadours et cours d'amour*, PUF, París, 1971 (hay trad. cast.: *Trovadores y cortes de amor*, Eudeba, Buenos Aires, 1963).

13. Ph. Ariès y G. Duby, *Histoire de la vie privée*, tomo 3, p. 9.

14. E. Badinter, *Le Conflit. La femme et la mère*, Flammarion, París, 2010.

15. D. D. Gilmore, *Manhood in the Making: Cultural Concepts of Masculinity*, Yale University Press, New Haven (Connecticut), 1990, p. 224.

16. C. R. Browning, *Des hommes ordinaires*, trad. fr., Tallandier, París, 1992 (hay trad. cast.: *Aquellos hombros grises: el Batallón 101 y la Solución Final en Polonia*, Edhasa, Barcelona, 2002).

17. *Lignes de front*, película de Jean-Christophe Klotz, 2010.

18. G. Jorland, *Une société à soigner. Hygiène et salubrité publiques en France au XIXe siècle*, Gallimard, París, 2010.

19. A. Tursz, *Les Oubliés. Enfants maltraités en France et par la France*, Seuil, París, 2010.

20. Ph. Ariès y G. Duby, *Histoire de la vie privée*, tomo 4, p. 267.

21. D. Cohen y R. E. Nisbett, «Field experiments examining the culture of honor: The role of institutions in perpetuating norms about violence», *Personality and Social Psychology Bulletin*, 23, 1997, pp. 1.188-1.199.

22. D. Cohen y R. E. Nisbett, «Self-protection and the culture of honor: Explaining southern violence», *Personality and Social Psychology Bulletin*, 20, 1994, pp. 551-567.

23. D. Cohen, J. Vandello y A. K. Rantilla, «The sacred and the social», en P. Gilbert y B. Andrews, eds., *Shame*, p. 267.

24. M. Berger, «Pourquoi faut-il abaisser l'âge de la responsabilité pénale?», *Psychomédia*, n.º 20, marzo-abril de 2009.

25. M. Chabon, *Le Club des policiers yiddish*, Éditions Robert Laffont, París, 2009 (hay trad. cast.: *El sindicato de policía yiddish*, Mondadori, Barcelona, 2008); y entrevista con Didier Jacob, *Le Nouvel Obs*, 28 de mayo-3 de junio de 2009.

26. OSE: Œuvre de Secours aux Enfants (Sociedad de Ayuda para los Niños Judíos).

27. G. Bensoussan, J. M. Dreyfus, E. Husson y J. Kotek, *Dictionnaire de la Shoah*, Larousse, París, 2009, p. 409.

28. O. Christienne, *Les Juifs ont résisté en France*, AACCE, París, 2009, p. 32.

29. A. Berthoz y G. Jorland, *L'Empathie*, Odile Jacob, París, 2004; y B. Cyrulnik, *De chair et d'âme*, pp. 144-186.

30. A. N. Schore, «The human unconscious: The development of the right brain and its role in early emotional life», en V. Green, ed., *Emotional Development in Psychoanalysis, Attachment Theory, and Neuroscience*, Brunner-Routledge, Nueva York, 2003.

31. P. Sterzer, «Born to be criminal? What to make of early biological risk factors for criminal behavior», *American Journal of Psychiatry*, 167, 2009, pp. 1-3.

32. A. Ciccone y A. Ferrant, *Honte, culpabilité et traumatisme*, p. 18.

33. P. Declerk, *Les Naufragés. Avec les clochards de Paris*, Plon, París, 2001.

34. X. Emmanuelli, seminario «Laboratoire Ardix», París, 4 de febrero de 2009.

35. D. Bischof-Köhler, «The development of empathy in infants», en M. E. Lamb y H. Keller, *Infant Development*, Erlbaum, Hillsdale (New Jersey), 1991, pp. 245-273.

36. M. Faruch, «Perversion», en P. Brenot, *Dictionnaire de la sexualité humaine*, L'Esprit du Temps, Burdeos, 2004.

37. R. von Krafft-Ebing, *Psychopathia sexualis*, trad. fr. (1886), Payot, París, 1969 (hay trad. cast.: *Psychopathia sexualis: 69 historias de casos*, La Máscara, Valencia, 2000).

38. E. Badinter, *Le Conflit*, ed. cit.

39. P. Robert, *La Finlande: un modèle éducatif pour la France? Les secrets de la réussite*, ESF, París, 2008.

40. R.-V. Joule y J.-L. Beauvois, *La Soumission librement consentie*, PUF, París, 2009.

41. F. Sironi, «Les mécanismes de destruction de l'autre», en A. Berthoz y G. Jorland, *L'Empathie*, p. 235.

42. H. Epstein, *Children of the Holocaust*, Penguin Books, Baskerville, Londres, 1988.

43. H. Welzer, «Crise: le choc est à venir», *Le Monde*, domingo 8-lunes 9 de febrero de 2009.

El poder de los calcetines

1. D. Tantam, «The emotional disorders of shame», en P. Gilbert y B. Andrews, eds., *Shame*, p. 171.

2. J. M. Dreyfus, E. Husson, J. Kotek y G. Bensoussan, *Dictionnaire de la Shoah*, Larousse, París, 2009.